교육철학잡기 4

이슬람의『꾸란』· 동학의 수심정기

2
0
2
2
-
1

어느 은둔 교육철학자의 사색과 탐구 에세이 ④

신창호

박영story

나의 아내 유희재 박사(1959~2021)를 그리며

머리말

『교육철학잡기』 네 번째, 제4권이다.

제3권의 기독교와 불교, 유교의 사유에 이어, 이번에는 이슬람교의 『꾸란』과 동학이 추구했던 사유를 교육철학으로 환언해 보았다.

여전히 어렵다!

이슬람의 『꾸란』에서는 우리가 얼마나 편견에 사로 잡혀 있었는지를 반성했다. 그간 미국이나 유럽 중심의 기독교적 시선에 집중하여 교육을 전개했던 만큼, 이슬람의 선(善)한 교육철학은 뒷전으로 밀려나 있었다. 아니, 전혀 드러내지도 못한 채, 그냥 깊은 땅 속에 파묻혀 버려졌다. 자카트를 비롯하여 이슬람이 추구하는 다양한 삶의 양상은 인간에 대한 예의와 배려를 일러 주었다. 『꾸란』의 계시에 감사한다. 그것을 독해하며 호흡할 수 있었다는 사실 자체가 고맙다. 내 학문 생애의 축복(祝福)이다.

동학(東學)의 '수심정기(守心正氣)'를 확인하면서는, 우리의 교육적 사유를 풍부하게 만들 수 있는, 철학의 뿌리를 발견했다. 이 또한 내 학문 인생의 은총(恩寵)이다. 단순히 형이상학적 사유나 형이하학적 실천의 구별이 아니라, 무한 세상과 유한 세계를 동시에 펼칠 수 있는 근거가 마련되는 듯하다. 우주 자연과 인간 사회의 생명력 넘치는 기운! '인내천(人乃天)'의 외침 가운데 인간 사회의 생명력이 무엇을 지향하는지, 교육철학의 관건(關鍵)을 새롭게 확인했다.

무거운 발걸음 사이로, 디딤돌이 놓이는 듯하다. 그만큼 경험이 축적되었다. 성찰이 깊어질수록 사유가 누적되고, 사유가 누적될수록 실천의 확률은 높아진다.

내 삶의 버팀목이 되는 모든 존재들에게 감사할 따름이다.

2022. 7. 소서(小暑) 절기에

청옹정사(清瓮精舍)에서 신창호

차례

****

1월

Winter
Jacob Gløersen (Norwegian, 1852–1912)

1월. 내가 나에게 전하는 말

2022. 1. 1. 11:50

연말연시를 맞이할 때마다. 사람들은 서로 안부(安否)를 건넨다. '새해 복 많이 받으세요!', '건강하세요!' 등등, '복(福)'과 '건강(建康)'을 담은 내용이, 가장 흔한 인사말이다. 뻔하고 관례적이고 의례적인, 그것도 1년에 한두 번인 일상의 소식이다.

하지만, 이런 관례적 일상을 결코 가볍게 보아 넘겨서는 곤란하다! 나의 친구, 우리의 이웃, 보통 사람이 행하는, 정성어린 생활의 일부다. 어쩌면 가장 인간적인, 그런 의미가 담긴, 삶의 도덕일 수도 있다.

가족과 친지 등 여러 사람에게 안부 인사를 하고, 나에게도 말을 전해본다.

> "그대, 올해는 어떤 인생을 구가(歐歌)하고 싶은가? 올해도 더욱 성숙(成熟)하려는가? 할 일은 차근차근 기획(企劃)했는가? 갈 길을 하나하나 연마(硏磨)하며 나가는가? 나와 너, 그리고 우리의 세상을 주시하고 있는가?"

이런 생각을 정돈하고 있는데, 한 중진학자로부터 연말연시 안부의 메시지가 전해졌다. 중국 북송(北宋) 때의 철학자 소옹(邵雍, 1011~1077)의 글이다.

「세모자이(歲暮自貽)」

사도강도개설설(事到强圖皆屑屑),
도비진득진유유(道非眞得盡悠悠).
정중조물정난은(靜中照物情難隱),
노후간서미전우(老後看書味轉優).

다시 옮기며, 나름대로 독해해 본다. '세모자이(歲暮自貽)'라는 제목은 '세밀에 자신에게 주다!'라는 뜻이다. 즉, 한 해가 저물어 가는 시간에 자신에게 전하는 말이다. 의역하면 아래와 같이 음미할 수 있다.

할 일을 억지로 도모하면 모든 게 일그러지고,
갈 길을 제대로 파악하지 못하면 모두가 아득하다.
고요한 가운데 사물을 비춰보니 실정을 숨기기 어렵고,
나이 들어 글을 보니 의미가 확장되며 더욱 깊어진다.

나 자신에게 올 해에 '할 일'과 '갈 길'을 고민하는데, 우연인지 필연인지, 삶의 지침이 되려는가? 의미심장한 내용이 인생의 논리를 깨치고 일깨운다.

나의 내면에서 은둔(隱遁)을 선택한 지, 벌써 서너 해 째다. 하지만, 은둔은 결코 은둔에서 멈추지 않는다. 은둔은 인간 사회에서 벗어나려는 몸부림이지만, 그 곳을 향하는 다른 양상일 뿐이다. 은둔은 인간 사회의 실정에서 도망가지만 그 곳의 실상은 더욱 나타나면서 은둔을 추적한다. 나도 그렇고, 너도 그렇고, 우리 모두가 그러하다.

사회는 끊임없이 자화상(自畵像)을 그려나가고, 자화상은 거울처럼 다시 인간을 비춘다. 그 환원(還元)의 고리를 따라, 잘 보이지 않는 존재의 실상이 나타날 때, 나는 어떤 글을 통해 교육철학을 다듬고 있을까?

2022년 1월 1일, 아침, 『교육철학잡기』 4권을 시작한다.

이슬람, 융합과 복합, 그 문명의 요람을 위해

2022. 1. 3. 16:39

새해 벽두(劈頭)에 생각이 복잡하다. 가족에서 직장, 나아가 사회에 걸쳐 있는 다양한 일상이 삶에 신중성을 더한다. 어떤 생각은 단순하게 또 어떤 생각은 중층적으로 오락가락 한다. 이런저런 정돈을 하다가, 『교육철학잡기』 네 번째 내용은 '이슬람(al-Islām: Islam)'에서 출발하기로 했다. 3권에서 기독교·불교·유교를 다루었으므로, 4권에서는 종교와 교육철학의 차원을 연달아 살펴본다는 의미에서 이슬람과 동학을 고찰하기로 했다.

그런데, 이슬람에 대해 너무나 무지(無知)하다. 정말 아는 게 없다. 한두 번 관련 글을 쓰며 정돈한 내용도 있지만, 그들의 학문과 교육철학에 대해 완전 백지 상태다. 그만큼 이슬람의 교육철학을 엮어내는 작업 과정이 매우 조심스럽게 느껴진다. 오래 전부터 『꾸란(al-Quran: Koran)』이나 '무함마드(Muhammad) 전기' 등 이슬람을 다룬 몇몇 저술을 읽은 적은 있다. 그렇다고 이슬람 세계와 그 문화를 온전하게 인식한 것은 아니다. 어렴풋하게나마 이해하려고 시도했을 뿐이다.

내가 이슬람에 관심을 가진 것은 고향 부근 경주의 왕릉(王陵)에 있던 무인석상(武人石像)을 본 이후다. 서역인(西域人)으로 알려진 이 석상은 현재 한국인의 모습과 상당히 달랐다. 또한 처용설화에 나타나는 처용이 아랍의 무슬림(muslim)일 수 있다는 이야기와 각종 출토 유물, 조선시대에 이슬람 역법을 참조하여 만들었다는 『칠정산내외편(七政算內外篇)』 등 문명의 교류를 보면서, 상당한 의문에 휩싸였다.

문제는 현재의 인식이다. 이슬람은 왜, 분쟁(紛爭)이 끊이지 않는 지역의 족속으로, 때로는 '테러리스트'로 낙인 되어, 우리가 다가서기 힘든 인류의 한 무리로 남았을까? 무슨 오해가 있는 건 아닌가? 이슬람교를 신봉하는 외국인 학생이나 중국 시안(西安)의 회족(回族) 거리, 이집트를 비롯한 무슬림 지역을 여행했을 때, 그들은 아주 순수하고 순박한 사람들로 보였는데 말이다.

'이슬람'이라는 말은 '복종[순종]'과 '평화'라는 뜻을 지니고 있다. 그것이 점차 의미를 확장하고 종교로 승화하였다. 유일신 알라에게 절대 복종하는 생활을 통해 몸과 마음이 진정한 평화에 도달할 수 있다는 신앙으로 발전했다. 이슬람을 종교로 믿는 사람은 알라에게 절대 복종해야 한다. 때문에 '무슬림', 즉 '복종하는 사람'이라고 한다.

이슬람은 다른 종교에 비해 독특하다. 종교는 일반적으로 예수나 붓다처럼 창시자의 이름이나 유대교처럼 종족의 명칭, 또는 힌두교와 같이 지명을 종교의 명칭으로 삼는 경우가 대부분이다. 하지만 이슬람은 이슬람 자체에 담겨 있는 이념인 '복종'과 '평화'를 그대로 종교의 이름으로 사용한다. 이슬람 경전인 『꾸란』에서 그렇게 규정했다.

이러한 이슬람은 단순하게 종교에만 그치는 신앙 체계가 아니다. 훨씬 큰 규모의 종합적인 문화다. 정치, 경제, 사회, 예술 등 삶의 전반을 통일적으로 구성하는 생활양식이다. 인간 사회의 전 분야를 아우르는 전체 문명이다. 종교적인 동시에 세속적인 차원을 포괄하는 신앙과 일상의 체계다.

민주 사회를 지향하면서, 대부분의 국가는 정치와 종교를 분리했다. 그러나 이슬람은 예외다. 종교를 바탕으로 '샤리아(Sharia: 聖法)'가 통치하는 정교일치(政敎一致)의 사회다. 현재 지구촌의 무슬림은 세계 인구의 약 20%에 해당하는 13억 명이다. 1/5이 넘는 엄청난 숫자다. 이들이 분쟁의 근원이자 테러의 원천이라면, 지구촌 인구의 1/5이 총이나 폭탄을 거머쥐고 전쟁이나 일삼는 테러 분자로밖에 보이지 않을 수 있다. 그건 절대 아니다!

신앙 때문에 그러한지, 다른 이유가 있는지 정확하게 확인하기는 어렵지만, 무슬림들은 매우 주체적이고 자부심이 가득한 사람들로 느껴진다. 나만 그렇게 생각하는가? 이런 나의 느낌과 생각은 어디서 오는 걸까? 혹시, 이슬람이 고대 이집트와 메소포타미아의 문명을 요람으로 태어났고, 아랍 전통과 고대 오리엔트, 그리스와 로마, 페르시아 문명 등 외부로부터 전해진 다양한 문명의 융합에서 창출되었기 때문은 아닐까?

나는 곰곰이 생각해 보았다. 저 삭막한 사막에서 어떻게 화려한 문명을 건설할 수 있었을까? 원초적으로 불모지인 저 땅에 저렇게 찬란한 문화를 꽃피운 힘은 어디서 나온 걸까? 무슬림들은 사막의 탁 트임만큼이나 개방적이다. 그들의 삶을 살찌울 수 있는 문명이라면, 그것이 어떤 학문이건, 어디에서 온 것이건, 상관하지 않는다. 무조건 수입했다. 그리스나 로마, 페르시아와 인도 등 문명국들의 학문 서적을 번역하며 받아들였다. 그리고는 이슬람의 학문을 개발하고 정립하는데 적극적이고 능동적으로 활용했다. 신학, 철학, 역사학, 지리학, 천문학, 의학, 수학, 연금술 등 다양한 학문이 정리되었다. 이는 이슬람의 학문과 교육이 처음부터 여러 갈래일 수밖에 없었음을 상징한다. 단일한 양상을 띠지 않았다. 그런 만큼 상당기간 전통 학문과 외래 학문 사이에 긴장이 팽배했다. 전통은 전통대로 외래는 외래대로, 여러 가지 학맥이 병존했다. 다원적 양상이 지속되었다. 그 과정에서 이슬람의 학문과 교육은 복합체이자 융합체가 되었다.

나는 생각한다. 다원적 학문의 통일성, 융·복합적 문명의 조화, 이것이 이슬람 교육의 힘이다. 겉핥기식이 될 지도 모르겠으나, 이제부터 차근차근, 우리에게는 아주 낯선, 이슬람의 교육철학을 탐색해 보려고 한다. 그 작업은 이슬람 최고의 경전인 『꾸란』을 중심으로 진행한다.

『꾸란』1: 인간교육의 차원

2022. 1. 4. 13:56

『꾸란』은 유일신 알라의 계시를 집대성한 이슬람 경전이다. 예언자 무함마드에게 계시된 내용이다. 610~630년 무렵, 20여 년간 계시된 사항을 모았다. 약 78,000어휘로 구성되어 있고, 기독교 『신약성서』와 거의 같은 분량이다.

『꾸란』이 가장 먼저 강조하는 관념은 '자애로운 자비의 신'이다. '자애(慈愛)'와 '자비(慈悲)'! 이 사랑과 슬픔의 마음 가운데로 교육이 스며든다. '자애'는 아래 사람에게 베푸는 두터운 사랑이다. '자비'는 사람을 사랑하고 가엾게 여기는 일이다. '자(慈)'로 상징되는 사랑의 질서는 처지나 형편에 맞추어 베풀어주는 고마움, 그 혜택으로 성립하는 은혜(恩惠) 가운데 서 있다.

나는 주목한다. 은혜의 진실 속에 녹아든 자애와 자비를. 그런 이슬람의 관념이 현실에서 구현되는 작업이 그들 교육철학의 핵심이 아닐까?

『꾸란』의 첫 번째 구절은 「개경(開經) 장(章)」으로 시작한다. 「개경 장」은 말 그대로 '경전을 여는 장'이다. 이는 메카(Mecca)에 있을 때의 계시다. 메카는 홍해 연안에 자리한 도시다. 이슬람교의 창시자인 무함마드가 태어난 곳으로 이슬람교 최고의 성지다. 로마 시대부터 중요한 교역지이고, 종교 유적이 많아 세계 각지에서 순례가 끊이지 않는 지역이다. 요즘은 '메카'라는 단어가 의미가 확장되어, '어떤 분야의 중심이나 핵심으로 사람들에게 동경의 대상이 되는 곳'을 가리킨다.

「개경 장」은 전체 분량이 일곱 구절로 아주 짧다. 하지만 무슬림이 예배를 드릴 때 꼭 외우는 지상의 최고 가치다.

> "참으로 은혜로우시고 자비로우신 신[알라]의 이름으로 ① 온 세상의 주인이신 알라를 찬송합니다. ② 참으로 자비로우시고 자애로운 분이시여. ③ 심판일의 주재자이시여. ④ 당신을 우리가 믿고 당신한테 구원을 청합니다. ⑤ 우리를 올바른 길로 인도하여 주소서. ⑥ 당신께서 은총을 내려 주신 사람들의 길로. ⑦ 노여움을 산 사람들이나 길 잃은 사람들이 간 그런 길이 아닌 곳으로."

첫 장인 만큼 『꾸란』의 진수(眞髓)가 드러난다. 유일신 알라에 관한 언급이지만, '은혜', '자비', '자애', '은총'과 같은 축복의 언어와 '올바른 길', '사람들의 길'로 인도하라고 소망하는 가운데 인간의 교육이 깊숙하게 담긴다.

이런 종교를, 신앙적 특성을 교육으로 치환해 보자. 사람들이 올바른 길로 가도록 이끄는 작업을 교육 행위로 환원하자. 『꾸란』은 이슬람의 완벽한 교육철학으로 재생한다. 그 교육의 지향점이 자애이고 자비이고 은혜와 은총이다. 이는 의미상, 기독교의 하나님 '사랑'이나 불교의 '대자대비(大慈大悲)', 유교의 '인(仁)'과 다르지 않다. 신관(神觀)이나 종교의 교리(敎理), 예배(禮拜)와 기도(祈禱)의 방식 등, 몇몇 중심 문제가 다를 뿐이다. 교육을 통해 지향하는 현실 속 인간의 도덕적 양상은 보편적임을 보여준다.

『꾸란』의 모든 장은 "은혜로우시고 자비로우신 신[알라]의 이름으로"라는 구절로 장식되어 있다. 그것은 교육으로 전환하면, '참으로 은혜를 베풀고 자비로운 인간의 이름으로 세상을 가꾸는 일'과도 동일한, 거룩한 교육 행위다.

『꾸란』2: 자카트의 정결, 예배의 겸허

2022. 1. 5. 19:06

『꾸란』이 지시하는 교육철학은 일상 대부분의 덕목으로 촘촘하게 엮어 있을 것으로 추측된다. 「2. 암소의 장」을 읽다보니, 그런 개념이 서서히 나타나기 시작한다. 특히 '희사(喜捨)', 즉 자카트(zakāt)와 같은 이슬람의 독특한 생활양식은 인간의 보편적 도덕관념을 더욱 빛나게 만든다. 2장 42-45절에는 '허위'와 '진리', '예배', '희사', '선행', '겸허' 등을 통해 교육의 방향을 압축적으로 강제하는 듯하다.

> "허위로 진리를 덮고, 알면서도 진리를 감추면 안 된다. 예배를 잘 드리고, 희사를 행하고, 머리 숙여 예배하는 자와 함께 머리 숙여 예배하라. 다른 사람에게는 선행을 강요하면서도 자기 일을 잊어서야 되겠는가. 성경을 읽고 있으면서도 이를 깨닫지 못하느냐? 인내와 예배에서 도움을 구하라. 예배는 겸허한 사람 이외는 힘든 일이다."(2:42-45)

누구나 알고 있는 개념을 다시 반복해서 써 본다. '허위는 거짓이다.', '진리는 참이다.' 거짓으로 참을 가려서는 곤란하다. 무엇이 참인지 알고 있으면서 그것을 거짓으로 포장하면 안 된다. 이슬람은 이 단순한 진실을 불변의 진리로 강조한다. 그런 만큼 순수하다.

예배도 의미심장하다. '개인 예배'와 더불어 '집단 예배'를 실천한다. 물론, 유일신 알라에 대한 예배다. 예배의 의무는 다음 구절을 근거로 한다. "나는 알라이고, 나 이외에는 어떤 신도 없다. 그러므로 나를 숭배하라. 나를 생각하면서 예배를 지켜라."(20:14) 예배는 아랍어로 '살라트(Salat)'라고 한다. '살라트'는 알라 신에 대한 복종과 감사의 마음을 표현하는 거룩한 행위다. 예배는 부정한 장소가 아니라면, 어떤 곳이건 개인적으로 행할 수 있다. 무슬림들은 이렇게 제각기 다른 곳에서 평소에 예배에 임한다. 그게 삶이다. 대신, 금요일에는 한곳에 모인다. 이른바 '집회의 날'이다. 그리고는 다시 흩어져 알라의 은총을 구한다. 특히, 상업[장사]에 힘을 쓴다. 아랍이라는 지역의 특성상 그럴 수밖에 없는 환경이다.

장사를 통해 남긴 이익은 '희사'로 돌아온다. 『꾸란』은 말한다. "희사는 가난한 자, 곤궁한자, 그것을 징수하며 돌아다니는 자, 마음으로 협조한 사람, 또 노예, 빚에 시달리는 자를 위해, 그리고 알라의 길을 위해, 나그네를 위해 존재해야 한다. 이것은 알라께서 정한 일이다. 알라께서는 잘 알고 계시는 총명한 분이다."(9:60)

'희사'는, 한 마디로 말하면, 사회적 약자에게 베푸는 일이다. 가난과 질병에 시달리는 사람, 실업자, 금전적 도움이 필요한 사람, 빚을 갚지 못하거나 사업이 부도난 사람, 돈이 없어 여행 중에 곤경에 빠진 사람 등을 구제하기 위함이다. 그것은 인간에 대한 물질적 배려다. 인간이라는 영혼이 또 다른 인간이라는 영혼을 어루만지는 가장 위대한 선물이다. 때문에 어떤 바람도 없이, 기쁜 마음으로 재물을 내놓는다.

이런 양식이 기독교에서는 '사랑'이고 유교에서는 '인(仁)'이다. 불교에서는 '보시(布施)'라고 한다. 특히, 불교는 '희사(喜捨)'가 매우 중요한 마음으로 등장한다. 중생에게 끝없는 즐거움을 주고, 고통의 미혹을 없애기 위해, '사무량심(四無量心)'을 제기하기 때문이다. 문자 그대로 보면, 그 네 가지 마음은 보살의 '자(慈: 사랑)'와 '비(悲: 슬픔)'

와 '희(喜: 기쁨)'와 '사(捨: 평온)'이다. 여기에 희사(喜捨)가 아주 중요한 역할을 한다. '희무량심(喜無量心)'은 다른 사람이 즐거워하는 것을 보고 즐거워하는 마음이다. '사무량심(捨無量心)'은 다른 사람에 대해 사랑하고 증오하고 친근하고 멀게 느껴지는, 그 어떤 마음도 없이, 평등한 마음 상태다.

이슬람의 희사는 기독교나 유교, 그리고 불교의 배려와는 성격이 다르다. 그것은 신에 대해 봉사하는 거룩한 의무다. 정결(淨潔)한 영혼을 지닌 인간만이 누릴 수 있는 영혼의 나눔이다. 인간으로서 신 앞에 일체감을 형성하는 혼(魂)의 불쏘시개다.

이 지점에서, 경의를 표하며 절하는 가운데, 겸허한 사람만이 누릴 수 있는 예배의 즐거움 가운데, 인내로 가득한 이슬람의 교육철학이 잔잔하게 다가온다.

『꾸란』3: '경건'의 시공간-나눔과 인내의 성실성

2022. 1. 8. 10:49

교육의 지향점은 '인간다움'이라는 한 마디에 포괄될 수 있다. 하지만 그 내용이나 덕목은 너무나 다양하다. 『꾸란』의 「2 암소의 장」에는 신의 이름으로, 또는 종교적 삶의 양식으로, 여러 측면의 덕목을 강조한다. 구절을 읽어 나가는 동안, 내 눈에 강력하게 담기는 내용 하나가 있다. '경건(敬虔)'이다. 아직 『꾸란』의 내용을 관통한 것은 아니지만, '경건'은 이슬람 교육철학의 저변을 장식하는 개념이 아닐까 추측해 본다. 『꾸란』은 말한다.

> "진정한 경건, 경건한 종교심, 그 마음이란 친척과 고아, 빈민, 여행자, 거지에게 재산을 나눠주는 데 있다. 노예를 자유롭게 해방시키고, 예배를 지키고, 희사를 실천하는 데 있다. 약속을 하면 그 약속을 지킨다. 자신이 불행이나 곤궁한 역경에 처했을 때 스스로 인내한다. 이와 같이 행하는 자만이 성실하고 공경하는 사람이다.(2:177)

경건한 마음은 다름 아니다. '나눔'에서 시작한다. 가난한 친척(親戚)과 의지할 곳 없는 고아(孤兒)에게, 가난한 사람들과 도움을 필요로 하는 나그네들, 그리고 떠돌아다니며 구걸하는 거지들에게, 그들보다 많이 가진 사람이 적게 가지거나 없는 사람에게 나눠주는 삶의 자세다. 그것은 일종의 '연민(憐憫)의 정이다. 인간 사회라는 공동체에서 더불어 살기 위한, 안배(按排)와 배분(配分)의 절대철학이다. 지금의 사회정책이나 용어에 빗대어 본다면, 사회적 약자를 위한 복지(福祉)와도 상통한다.

그런데 눈여겨볼 대목이 있다. 연말연시나 재난을 당했을 때, 의례적으로 관심을 갖는 듯한, '불우이웃돕기'와 같은, 그런 가볍고 일회적이고 단순한 차원이 아니다. '경건하게'다. '경건하게!' 이 지점이 인간을 바라보는 이슬람 사회의 의식이 어떠한지 단면적으로 보여준다.

나아가, 더 큰 관심이 있다. 노예를 자유롭게 하고, 희사를 이행하는 당위적 책무다! 억압(抑壓)과 압제(壓制)는 인류 최대의 적이다. 그 상징적 계급제도가 '노예(奴隷)'라는 말에 응축되어 있다. 『꾸란』은 신의 이름으로 그들에게 자유를 강요한다. 정치적 사안으로만, '노예해방'의 정서를 취급할 것이 아니라, '노예'와 같은 생활을 연상시키는 인신감금이 있다면, 교육이 이런 문제를 적극적으로 담당해야 하는 것 아닌가?

다음으로 윤리의 첫 단추가 등장한다. '약속'이다. 약속을 하면 그 약속을 지킨다! 이 또한 당위적인 도덕적 언표다. 그러나 현실을 보라. 얼마나 많은 존재들이 약속을 지키는가! 약속(約束)은 신뢰(信賴)와 직결된다. 그것은 지키기 위해 존재하는 용어다. 어기거나 깨라고 있는 것이 아니다. 허나, 어기거나 깨질 가능성이 농후하다. 약속은 사람 사이에, 또는 여러 존재들 사이에, '언제 어디서 무엇을 어떻게 할 것인가?'라는 인간이 미래에 할 일을 정하는 작업이다. 이를 지키지 않으면, 일은 일그러진다. 그것은 생활의 파괴다. 삶의 질서 이탈이다. 인생이 포기 당한다. 그러므로 삶의 안정을 위해 반드시 지켜야 하는 것이 약속의 기본 원칙이다. 부득이하거나 불가피한 경우를 제외하고, 의도적으로 어기거나 깨트려 불신을 조장해서는 곤란하다. 차라리 애당초 약속하지 않는 편이 훨씬 교육적이다.

그리고 이어 '인내(忍耐)'라는 덕목을 제기한다. 『꾸란』은 강조한다. "믿는 사람들아, 인내와 기도로써 구원을 청하라! 알라께서는 인내하는 사람들과 더불어 계신다."(2:153) 특히, 자신에게 불행이나 곤궁이 닥쳤을 때, 인내하라! 그것이 알라 신이 무슬림에게 요청한 삶의 자세다.

상당수의 사람들은 자신의 불행과 곤궁을 사회제도나 체제, 다른 사람에게서 그 원인을 찾으려고 한다. 흔히 말하는, 내 탓이 아니라 남 탓으로 돌린다. 진짜 그럴까? 물론, 어울려 사는 사회에서, 수시로 발생하는 다양한 사태의 원인은 매우 복합적이다. 근본 원인을 지목할 수는 있겠지만, 부수적 요인들도 끼어들게 마련이다. 그렇다 보니 어떤 사안이 발생했을 때, 그 책임 소재를 두고 말들이 많다. 그야말로 왈가왈부(曰可曰否)한다. 그러지 마라. 다른 것을 탓할 필요 없다. 내 탓이다! 그렇다고 내 탓이라는 선언이 단순한 체념이냐? 아니다. 체념은 타자에 대한 무관심에서, 포기에서 나오는 한숨일 뿐이다. '내 탓'이라는 말은 강력한 책무성의 발로다. 내가 책임지고 인생을 펼치려는 최고의 열정이다. 삶에 대한 충실이자 새로운 희망이다.

『논어』「위령공(衛靈公)」에도 다음과 같은 언표가 있다. "군자구저기(君子求諸己), 소인구저인(小人求諸人)!" 이는 "도덕성과 지도적 인격을 갖춘 사람은 모든 것을 자기에게서 구하고, 개인적 욕망에 빠진 조무래기들은 남에게서 구한다."라는 의미다. 훌륭한 인격을 지닌 지도적 인사는 늘 자기 충실을 꾀한다. 그러므로 모든 일에 대해 스스로 성찰하고 책망할 뿐이다. 조무래기 소인배는 인격 수양이 제대로 되지 않아, 헛된 명예나 이익을 얻기 위해, 어떤 일을 하건 다른 사람

핑계를 댄다. 이슬람에서 강조한 '인내'에 견주어 볼 수 있는 대목이다.

다시 반복해 본다. 다른 것을 탓할 필요 없다. 내 탓이다! 대신, 진실이 내 삶을 충족할 때까지, 인내한다. 그것만이 내 삶에 대한 예의이자 의무다. 그래야만 성실한 사람, 공경한 사람으로 거듭날 수 있다. 이런 의식을 불어넣는 작업이 교육의 내용을 장식해야 한다. 『꾸란』의 명시처럼, 이슬람은 이미 인내를 통해 성실성 교육을 다져나가는 듯하다.

'경건한 마음'의 함양이라는 『꾸란』의 교육철학처럼, 희사를 통한 나눔에서 인내에 이르는 성실성 교육이 어느 때보다 부각되는 시절이다.

『꾸란』4: 받아들임, 그 관용의 힘

2022. 1. 9. 12:45

인간이 살아가는 힘 가운데 하나가 수용(受容), 또는 허용(許容), 즉 '받아들임'이다. '받아들임'은 '내줌'과 짝하는 말이다. 때로는 받아들이기 힘든 존재와 상황도 있다. 하지만 그것을 과감하게 받아들이는 경우, 새로운 시선으로 사람을 봐야 한다. 왜냐하면 인간의 존재 이유를 가늠할 수 있기 때문이다. 그 '받아들임'을 상징하는 덕목이 '관용(寬容)'이다. 프랑스어로는 '똘레랑스(tolérance)'라고도 한다.

똘레랑스는 철학적 의미로 정돈하면, 인간이 자신의 왜소함과 오류 가능성을 자각하고 타인의 오류를 엄중하게 꾸짖지 않는 삶의 태도다. 또는 자신과 다른 신앙을 갖고 실천하는 사람들의 권리를 인정하는 자세를 말한다. 너그럽게 용서하고 받아들이는 관용은 무엇보다도 교육의 효과로 드러난다. 교육은 교사와 학생 사이에 '내줌'과 '받아들임'의 생활을 반복하며, 몸에 배도록 하는 작업이기 때문이다. 『꾸란』은 관용을 저변에 깔고 있는 듯, 그런 삶의 자세를 수시로 강조한다.

"현세(現世)나 내세(來世)에서나 고아(孤兒)들에게 친절히 해주는 것이 가장 좋은 일이다. 그대들과 그들이 직접 사귄다면, 그런 사람들 사이는 이미 형제다."(2:220)

"친절한 말과 관용은 괴로움을 동반한 희사보다 낫다."(2:263)

"그대들이 벌어들인 수입과 땅에서 생산한 작물 가운데 좋은 것은 아낌없이 베풀어라. 자기 스스로 눈을 감지 않고서는 받지도 않을 나쁜 것만을 베풀려고 해서는 안 된다. 사탄[악마]은 그대들에게 빈곤을 약속하여 염치없는 짓만을 권한다. 알라 신이 당신들에게 약속하는 것은 관용과 은혜다. 누구에게나 마음에 합당한 사람에게는 지혜를 준다. 지혜를 얻는 사람은 진정으로 좋은 것을 얻었다. 그러나 분별이 있는 사람이외에는 누구나 반성하지 않는다. 불의에 가득 찬 무리는 도울 사람을 찾지 못한다. 겸손하기 때문에, 모르는 사람에게는 가난하지 않다고 생각되지만, 실제로 알라 신의 길을 위해 곤궁하고 땅 위를 활보하지 못하는 가난한 사람들에게 베풀어라. 그들의 특징을 잘 관찰하면 바로 알게 된다. 그들은 번거롭게 동냥을 구하지 않는다."(2:267-273)

"알라 신은 누구에게나 자신의 능력 이상의 부담을 지우지는 않는다. 인간은 자신이 벌어들인 수입만큼 좋은 것을 얻고, 벌어들인 수입만큼 나쁜 것에 고통 받는다. 주여! 우리들이 잊거나 잘못을 저질러도 꾸짖지 마소서! 주여! 우리보다 먼저 간 사람들에게 지워준 것 같은 무거운 짐을 우리들은 짊어지지 않게 해 주소서! 우리들의 죄를 벗겨주시고 우리들을 용서하여 주소서! 우리들을 불쌍히 여기소서!"(2:286)

관용의 저변에는 지혜가 흐른다. 지혜는 합당한 존재를, 그의 온 생활을 유도한다. 지혜로운 사람은 옳고 그름을 분별한다. 반성적 사고로 삶을 영위한다. 겸손(謙遜)과 시주(施主)의 의미를 성찰하고 실천하기 위한 관용의 기도를 즐긴다. 그 가운데 확보되는 역동적 힘이, 인간이 확보할 수 있는 '능력(能力)'이다.

『꾸란』5: 마음에 금이 간 자와 분별 있는 사람의 반성

2022. 1. 12. 13:33

『꾸란』의 제3장은 「이므란 가(家)의 장」이다. 이는 무함마드가 메디나에 있을 때의 계시로, 전체 200절이다. 그 앞부분에는 '마음'의 문제와 '분별'에 관한 의미 부여가 교육의 양상으로 두드러진다. 마음이라는 인간 본래의 자리와 그것이 펼쳐내는 판단 행위와도 연관된다.

> "그분은 성전(聖典)을 내리신 존재다. 성전에는 분명한 문구도 있고 애매한 문구도 있다. 마음에 금이 간 자는 애매한 것을 취하여 혼란을 조장하고 제멋대로 해석한다. 그러나 알라 신 이외에는 참되게 해석하는 존재가 없다. 확실한 지식을 가진 사람은 '우리는 이것을 믿습니다. 모든 것이 주께서 보내주신 것입니다!'라고 말한다. 분별있는 사람만이 반성한다."(3:7)

『꾸란』은 '알라' 신을 섬기는 종교이기에 진리의 중심은 언제나 '알라'에게 있다. 하지만 신을 믿고 존숭하는 존재는 인간이다. 교육은 신에 의해 집행되는 사안이 아니다. 신을 위한 예배도 아니다. 신을 향한 기도도 아니다. 오직 인간에게 작동하는 신성(神性; 神聖)의 전수다. 신은 교육의 종지(宗旨)를 지시할 뿐이다. 종지는 종교가 추구하는 교의(教義)의 요지나 근본, 가장 중요한 내용을 뜻한다. 종지를 수용하는 것은 인간의 일이다. 그 이론이 종교의 철학이고, 그 실천이 현실에서 교육으로 재생된다. 그런 점에서 종교는 '피안(彼岸)'이다. 교육은 '차안(此岸)'이다. 종교가 이상이라면 교육은 현실이다. 그러기에 종교는 내세(來世)를 지향하며 평안을 갈구하고, 교육은 현세(現世)를 구가하며 속세(俗世)에서 운동한다.

『꾸란』은 성전을 앞에 두고 '마음'의 문제를 심각하게 제기한다. 성전은 알라 신의 말씀인 진리이고, 함부로 다룰 수 없는 절대성을 지니기 때문이다. 현실적 차원에서 교육철학으로 환언해 본다면, 그것은 교육의 핵심 내용이다. 이 지점에서 신중해야 한다. 특히, '마음에 금이 간 자!' 이들은 성전의 배신자(背信者)다. 제멋대로의 이익이나 환상에 사로잡혀 교육에 혼란을 던진다. 근거 없는 내용이나 방법으로 교육을 그르친다. 교육을 일그러뜨린다는 사실은 삶에 대한 반역이다. 인생의 도살자(盜殺者)들이다. 마음 자체가 찢어졌다. 부서졌다. 깨졌다. 또는 갈라졌다. 그만큼 붙이거나 꿰매야 한다. 그런 점에서 교육은 금이 간 존재의 마음을 하나씩 붙여나가기 위해 풀을 준비하거나 찢어진 마음을 꿰매기 위해 바늘과 실을 마련하는 작업이다.

상처로 얼룩진 마음을 치료하고 치유를 거친 후, 심신은 안정을 찾는다. 안정은 세상을 관찰하고 해석할 수 있는 힘이다. 섬세한 관찰과 적확한 해석만이 확실한 지식을 담보한다. 『꾸란』은 제기한다. 확실한 지식의 확보는 교육받은 존재에게 달려 있다. 알라 신의 참된 진리를 염원하는 기도를 통해서 말이다. 이 교육받은 존재가 다름 아닌 분별을 갖춘 인간이다. 판단능력을 터득한 지성인이다. 이런 차원에서 "분별있는 사람만이 반성한다!"라는 『꾸란』의 정돈은, '마음이 온전한 사람'에 대한 교육적 위로와 격려다.

『꾸란』6: 공정(公正)의 절대 가치

2022. 1. 14. 8:29

『꾸란』의 제4장 「여인의 장」에는 고아, 부인, 결혼 적령기에 도달한 아이들, 자녀에 대한 돌봄과 상속에 관한 내용이 자세하게 기술되어 있다. 특히, 1-13장에는 재산 분배의 합리적 절차가 정돈되어, 이슬람 전통의 사회상을 엿보게 한다. 이는 사회적 약자에 대한 배려를 정확하게 가늠할 수 있도록, 신성하게 이슬람의 전통을 교육적으로 전수하는 작업과도 상통한다.

이어지는 5장은 「식탁의 장」이다. 무함마드가 메디나에 있을 때의 계시로 전체 120구절이다. 『꾸란』은 음식에 대한 기준을 지시하고, 그 공정(公正)의 가치를 강조한다.

> "사체, 돼지고기, 또 알라 이외의 이름으로 희생되어 타살된 것, 추락한 것, 찔려죽은 것 등은 식용으로 금지된다. 식용으로 허락된 것은 깨끗하고 좋은 음식, 알라의 가르침에 따라 너희들이 훈련시킨 짐승 가운데 너희들을 위해 잡아온 것은 먹어도 좋다. …… 믿는 사람들이여! 공정함을 지켜라. 다른 사람들에 대한 증오에 복받쳐 공정함을 잃어서는 안 되겠다. 항상 공정하라. 이것이야말로 참으로 경건함에 가깝다. 믿고 여러 가지 옳은 일을 하는 자에게 알라께서는 용서와 보수를 약속하셨다. 하지만 배신의 태도를 취하여 우리들의 증거를 거짓이라고 말하는 자들은 지옥의 주민들이다."(5:1-10)

일반적으로 '무슬림들은 돼지고기를 먹지 않는다!'라는 사실은, 상당수의 사람들이 상식적으로 알고 있다. 그것은 무슬림이 살고 있는 지역의 기후를 비롯하여, 다양한 요소가 개입되어 그런 금기사항이 만들어진 것으로 막연히 추측되기도 한다. 그러나 중요한 맥락이 존재한다. 그런 규율로부터 파생되는 공정함과 경건함, 용서와 보수의 교육적 차원이다.

사람들은 무엇보다도, 삶의 이면에서 일어나는 증오(憎惡)가 지옥이라는 현실을 만들어낸다는 사실을 심각하게 고려하지 못한다. 상식적 수준에서, 인간은 공정하고 경건함을 추구하며 용서 받고 보수를 받으리라는 예측을 하며 살아간다. 하지만 예측은 현실을 지배하지 못한다. 인간은 다른 사람을 향한 증오의 물결을 삶의 운동으로 삼는다. 이 삶의 운동에 교육이 적극적으로 개입한다.

그것은 『꾸란』의 교육철학이 절대적으로 엄격한 차원으로 포진하도록 이끈다. 강력하게 '금기(禁忌)'를 제안한다. 금기는 금지되는 만큼 상반성(相反性)을 지닌다. 음식의 경우, 좋은 음식으로 허용된 것은 '공정'한 존재로 이어진다. '공정(公正)'은 허용된 것에 대해 올바른 가치를 부여하는 작업이다. 공(公)은 '공평함'을 의미하며 개인의 사적 욕망보다는 사회의 공적 욕구를 가정한다. 정(正)은 '올바름'을 뜻하며 비뚤어지지 않은 곧은 장면을 지향한다. 공정에 벗어난, 허용되지 않은 사안은 '증오'의 덩어리일 뿐이다.

공정은 '용서'하고 '보수'를 보장하는 긍정(肯定)의 삶으로 지속된다. 그러나 증오는 배신을 도모하고 지옥으로 떨어지는 인간상을 설정한다. 총체적으로 부정(否定)의 삶을 연출한다. 그것은 종교적 차원의 금기사항에 관한 내용이기는 하지만, 교육철학의 차원에서 재생하면, 교육의 절대 기준을 마련하는 일이다. 항존주의[영원주의] 교육운동처럼, 진리의 기준이 절대적이다. 그 절대성이 '공정'의 가치다.

『꾸란』7: 포기의 속죄가 던지는 내면의 신성

2022. 1. 15. 7:18

독일의 시인이자 철학자 괴테(Johann Wolfgang von Goethe, 1749-1832)는 인간의 '과오'나 '오류'에 대해 다음과 같이 말했다.

> "과오는 인간에게만 있는 삶의 현상이다. 인간에게서 하나의 진실은, 과오를 저지르고도 자신이나 타인, 그리고 사물과의 관계에서 올바름이 무엇인지를 찾아내지 않는 것이다. 인간이 젊었을 때의 오류는 그래도 봐줄 만하다. 하지만 그것을 늙을 때까지 끌고 가서는 곤란하다!"

『꾸란』은 오류나 과오에 대해 엄격하다. 그 엄격함은 가혹하거나 잔혹한 방향을 유도하지 않는다. 오히려 인내하고 관대한 양상을 품는다. 관용을 통해 인간에 대한 배려를 조용히 허용한다. 제5장 「식탁의 장」에 그런 분위기가 묻어난다.

> "실제로 우리들은 인도와 광명이 기록된 율법을 내렸다. …… 각각 마음에 맡겨진 알라 신의 성전 말씀으로 재판하고 그 증언자가 되었다. 그러므로 인간을 무서워해서는 안 된다. …… 우리들은 '목숨에는 목숨, 눈에는 눈, 코에는 코, 귀에는 귀, 이에는 이, 받은 상처는 그 상처만큼 돌려주는 것이다'라고 규정했다. 그리고 그것을 삶의 지침으로 삼아 왔다. 그러나 이것을 스스로 포기하는 자에게 그것은 속죄가 된다."(5:44-45)

인상 깊은 구절이 다가온다. '인간을 무서워 말라!' 그리고 '속죄(贖罪)'에 관한 인식이다. 『꾸란』은 곳곳에서 유대인의 생활양식에 대해 비판한다. 여기서도 유대인들 사이에, 복수(復讎)의 양(量)을 정한 사안에 대해 거론한다. 어쩌면 '복수'는 가해자에 대해 피해자가 보복을 하는 정당한 행위일 수도 있다. 사회마다, 상황에 따라, 그것의 정당성과 합리성 여부에 대해서는 의견이 분분할 것이다. '목숨에는 목숨', '눈에는 눈', '코에는 코', '귀에는 귀', '이에는 이'로, 상처를 받았거나 피해를 입었다면, 그 상처나 피해만큼 되돌려준다.

받은 양만큼 되돌려주는 것이니, 정량적 계산의 논리에 따른다면, 매우 정당하다. 그러나 『꾸란』은 다른 해결책을 모색하는 듯하다. 보복이나 복수를 '스스로 포기(抛棄)하라!' 그것이 '속죄'다! 속죄는 인간이 '물건을 주거나 공을 세워 자신이 지은 죄를 비겨 없애는' 작업이다. 죄를 씻는 일이다. 내가 상처받은 만큼 그대로 되갚는, 단순한 차원의 보복이 아니다. 복수를 향한 집념으로 칼날을 세우는 작업이 아니다. 오히려 그것의 포기다!

포기, 특히 자포자기(自暴自棄)는 대부분의 인간교육에서 금기사항으로 설정되는 경우가 많다. '포기하지 말라!', '자신을 믿고 노력하라!' 이런 부류의 구호가 교육적 이상을 추동한다.

그런데 『꾸란』의 저 '포기'하는 마음에, 새로운 교육적 가치가 부여된다. 이슬람의 도덕성과 인간상이 엿보인다. 이는 '도중에 그만둬 버리는', '자신의 권리를 내던져 버리는' 일반적 포기가 결코 아니다. 인간을 무서워하지 않는 '인내의 끝'에서, 참아낸 만큼 발사하는 '희망의 빛'이다. 나의 시선에서 교육적 차원을 고려한다면, 최소한 그러하다. '목숨에는 목숨', '눈에는 눈', '이에는 이'와 같은 방식으로 삶을 대처

한다면, 세상은 평화를 상정하기 어렵다. 보복과 복수의 아수라장에서 전쟁 같은 일상이 난무할 뿐이다. '이슬람'이 복종과 평화의 종교라는 사실이 새삼 느껴진다.

교육은 전쟁 같은 경쟁을 통해 성공해야 하는가? 평화 같은 협력과 배려와 관용을 통해 성취해야 하는가? 물론, 전쟁과 평화, 모두를 가르쳐야 한다. 교육 내용에서 전쟁은 배제하고 평화만을 주지시켜서는 안 된다. 그것은 지적 사기다. 빛과 어둠의 양 측면을 충분히 인식하면서 삶의 방향과 행위의 지침을 설정해 나갈 수 있도록, 합당한 지식을 전수해야 한다. 하지만, 객관적이고 과학적 지식에만 그치는, 무감각과 무감정의 오류에 빠져서는 곤란하다.

교육은 이성과 감성을 동시에 실은 가치(價值)의 전수다. 그러기에 무슬림의 '속죄'와 인내와 관용의 의미가 더욱 새롭게 다가온다. 속죄는 단순 대응이 아니다. 경쟁도 아니다. 동일한 양의 보복이나 복수의 포기다. 그것이야말로 인간이 지닐 수 있는 내면의 신성(神性)이다.

『꾸란』8: 누구도 다른 사람의 짐을 질 수는 없다!

2022. 1. 16. 8:41

『꾸란』의 제6장 「가축의 장」은 "하늘과 땅을 만드시고 어둠과 빛을 살려 놓으신 알라 신의 고마움을 찬송하라"(6:1)는 구절로 시작한다. 이는 삶의 우주 자연적 근거인 천지창조와 사회 구성의 양식인 어둠과 빛이 놓인 것에 대해, 인간이 감사하는, 마음의 표현으로 생각된다. 이 천지(天地)와 명암(明暗)의 세상을 장식하는 인간은, 사람 사이는 물론, 세상의 다양한 동반자들과 어떻게 지속가능한 삶을 추동해 나가야 할까? 교육철학이 담긴 몇몇 구절을 발췌해 본다.

> "현세의 생활은 놀며 장난하는 유희(遊戲)에 지나지 않는다. 두려워하고 공경하는 사람들이 살 곳인 내세야말로 아주 훌륭하다."(6:32)
> "들을 수 있는 귀를 가진 사람만이 응(應)해오는 것을 맞이할 수 있다."(6:36)
> "땅을 기어 다니는 짐승도 날개로 날아다니는 새도 하나 같이 너희들과 마찬가지로 집단을 이루고 있다."(6:38)
> "드러난 죄도 숨긴 죄도 버려라. 죄를 저지른 자는 반드시 자기가 저지른 만큼의 응보(應報)가 있다."(6:120)
> "알라 신과 나란히 숭배하지 않을 것, 부모를 공경할 것, 가난하다고 자기의 자식을 죽이지 말 것 …… 고아가 어른이 되어 자기 생활을 할 수 있기까지는 보다 좋은 일을 위한 것이 아닌 한 그의 재산에 손대서는 안 된다. 자와 저울을 공평하게

써라. 우리들은 누구에게나 능력 이상의 것을 부과하지 않는다. 너희들이 일에 대해 말할 때는 상대가 친척이 되는 사람일지라도 공정한 태도를 가져라. …… 모세의 성전은, 선행을 하는 사람에 대한 완성이고, 모든 것의 설명이고, 인도와 자비이며, 사람들이 주(主)와의 대면을 믿게 하려고 희망한 일이다. …… 선한 일을 하고 오는 사람에게는 그 열매가 주어진다. 나쁜 일을 하고 오는 자는 단지 그와 같은 만큼의 응보가 있다. 어느 것이나 부당하게 취급되는 일이 없다. …… 누구나 자기가 벌어들인 수입은 다름 아닌 제 몸으로 돌아온다. 누구도 다른 사람의 짐을 질 수는 없다."(6:151-165)

가치가 높게 설정된 윤리도덕은 교육이 강요하며 수행해야 할 의무다. 현실을 경계하고 내세의 이상을 추구하는 종교성은 인간의 특권이다. 그러나 내세로 나아가는 길은 세상의 소리를, 제대로 들을 수 있는 귀를 가진 사람만이 볼 수 있다. 관세음보살(觀世音菩薩)!

그러니, 경청하라. 세상을 보고 듣는 만큼, '구제(救濟)'에 투자하라. 그 시발점은 '죄(罪)'에 대한 포기다. 세상에서 저질러지는 모든 죄를, 그 무엇보다도 죄악시하고 버려라. 그 과정에서 정의의 잣대와 공평의 저울을 사용하라. 선악(善惡)의 사이에 어른거리는 응보의 열매는 내 몸을 형성한다.

플라톤은 정의를 언급하며 강조했다. '자기에게 어울리는 것을 소유하고, 자신에게 어울리도록 행동하라!' 세상은 스스로 견디며 이겨내는 '자기 감당(自己 堪當)'을 강요한다. 『꾸란』 6장의 마지막 장은 엄격하게 외친다.

"어떤 사람도 다른 사람의 짐을 질 수 없다!"

너무나 강렬한 메시지다. 그 누구도 다른 사람의 일을 대신 할 수 없다! 내 짐을, 내 일을 누가 대신한단 말인가! 그러기에 세상은 엄격하게 명령한다. '자기의 짐은 자기가, 자신의 일은 자신이.'

교육은 자기의 짐을 당당하게 자신이 짊어질 수 있는 인간을 요청한다. 자신의 일을 자기가 실행하는 사람이 되기를 갈망한다. 특별한 경우를 제외하고, 인생은 '자가 운행(自家 運行)'이다. 교육이 인생에 동기를 부여하는 움직일 수 없는 사실이고 진실이라면, 인간의 세계를 사람다움의 세상으로 펼치는데 무한한 기여를 해야 한다. 그것이 교육의 숙명(宿命)이다.

『꾸란』9: 공평한 저울의 눈이 뿜어내는 영달

2022. 1. 18. 12:43

『꾸란』 제7장은 「고벽(高壁)의 장」이다. 무엇이 '높은 벽'이기에, '고벽(高壁)'이란 명칭을 붙였는지는 정확하지 않다. 무함마드가 메카에 있을 때의 계시 206구절이 그렇게 기록되어 있다. 높은 벽을 앞에 두고, 다양한 신앙 내용이 펼쳐지며, 교육적 영감이 곳곳에 스며든다.

> "우리들은 확실한 지식을 가지고 모두에게 들려준다. 우리들은 부재한 적이 없었다. 그날의 저울은 '공평(公平)' 바로 그것이다. 저울눈이 무거운 사람은 '영달(榮達)'을 얻는다. 저울눈이 가벼운 자는 우리들의 계시를 믿지 않은 존재다. 때문에 자기 자신을 잃어버리게 될 것이다."(7:7-9)

종교적 차원에서의 계시는 '확실한 지식'으로 자리 잡을 확률이 높다. 아니, 확실한 지식보다 '진리'라고 표현하는 것이 좋겠다. 그 확실한 지식은 언제나, 이미, 해당 종교를 신봉하는 인간으로 향하고 있다. 문제는 그것을 저울질 하며 진리로 받아들일 수 있는 시선! 열린 눈이다. 확실한 지식은 누구에게나 공평하기에, 그것을 무겁게 가슴에 담는 사람은 지위가 높고 부귀하게 될 가능성이 많다. 가볍게 손으로 만지작거리기만 하는 사람은 자신의 존재조차 인식하지 못할 수도 있다. 교육이 자기를 찾는 작업이라면, 주어지는 지식을 무겁게 마주해야 한다. 어떤 지적 대화도 가벼이 여겨서는 곤란하다. '교육'이라는 이름으로 취급하는 사안이라면, 아무리 사소한 일일지라도 충실할 필요가 있음을 경고하는 듯하다.

무겁게 받아들이는, 이 지식 수용의 자세는 '겸허(謙虛)'의 미덕으로 드러난다. 겸허는, 다시 아무도 모르게, 진지한 기도의 일상을 안내한다. 그러기에 "스스로 자신을 겸허하게 낮추며 은밀히 주께 기도를 올려라. 주께서는 배반하는 자를 사랑하지 않는다."(7:55) 그리고 "일단 정돈된 지상에서 환란을 일으켜서는 안 된다."(7:56)라는 삶의 지침을 내린다.

이론이나 지식을 통해 정돈된 지상의 세계는, 시대적 한계를 드러내기 전까지 삶에 유용한 지성을 구가한다. 하지만 새로운 지식이나 생활양식의 변화가 발생할 때, 해체를 감당해야 한다. 패러다임의 전환을 고려해야 한다. 그것이 이치다. 참과 거짓, 평화와 전쟁의 사이에서, 지식의 시소게임을 두고, 교육은 인간을 다시 성찰한다.

> "지옥의 불을 위해, 마음이 있어도 깨닫지 못하고, 눈이 있어도 보지 못하고, 귀가 있어도 들을 수 없는, 많은 인간들이 존재한다. 이런 자는 짐승과 같다. 길을 잃고 몹시 헤맨다. 이런 자는 생각이 없다!"(7:179)

정돈된 지상의 세계를 주목하지 못하고 지옥을 꿈꾸는 존재는, 깨닫지 못하고, 보지도 듣지도 못한다. 아니, 그런 마음과 눈과 귀가 아예 없다! 짐승 같은 세계에서 허우적거릴 뿐이다. 생각조차도 없는 자들이다. 이성을 최고의 무기로 삼았던, 인간의 특성을 깡그리 무시하는, 교육의 패배자들이다.

헤밍웨이(Ernest Hemingway, 1899~1961)는 『노인과 바다』에서 "인간은 파멸(破滅)이나 파괴(破壞)가 있을지언정, 패배(敗北)하기 위해 창조된 것이 아니다!"라고 했다. 부서져 무너지거나 없어질 수는 있다. 하지만, 깨뜨려져 도망가는 존재는 아니다! 이 강력한 삶을 향한 의지가 인간이거늘, 교육에서조차 패배라니!

이 지점에서, 교육의 본질을 재확인할 수 있다. 교육은 세상에 관한 '깨달음'이다. 세상을 꿰뚫어 '보는' 일이다. 세상을 명확하게 '듣는' 일이다. 그 결과, "관용을 마음에 두고, 좋은 일을 권장하며, 무지한 인간을 회피하라."(7:199)는 주문이 등장한다. 그리하여 "조심하지 않는, 조심이 없는, 인간이 되어서는 안 된다!"(7:205)

『꾸란』10: 쉽게 읽히지 않는 하느님의 말씀

2022. 1. 19. 19:49

보름 이상, 이슬람교의 성경, 『꾸란』을 읽고 있다. 그런데 읽기가 쉽지 않다. 독해는 더욱 오리무중(五里霧中)이다. 나는 기독교 『바이블(Bible)』처럼 읽어나가면 어느 정도 이해할 수 있을 것으로 생각했다. 그런데 정말 쉽지가 않다. 읽는다고 읽는 것이 아니다. 읽기는 했다. 그것도 몇 번이나 반복해서 읽었다. 그런데 해석의 방향 감각이 마비되는 듯하다. 『바이블』은 상당 기간을 내가 접했던 성경이고, 선인들로부터 물려받은 종교적 유산도 있고 해서, 상대적으로 어느 정도 이해가 가는 듯한데, 『꾸란』은 그게 아니다. 몇 번이나 되새기며 읽어도 쉽게 잡히지 않는다. 내 인식 수준에서는 당연하다고 생각한다. 그래도 다른 세상을 파악하고, 교육철학을 고민하려면, 읽어 나가야 한다. 이해하고 존중하며 경청해야 한다.

『꾸란』과 이슬람의 세계를 보다 깊이 이해하기 위해, 몇몇 책을 들춰보다가, 노스캐롤라이나 대학 '칼 언스트(Carl W. Ernest)' 교수의 『무함마드를 따라서』(최형묵 옮김)라는 책을 펼쳐 보았다. 왜, 『꾸란』이 쉽게 읽히지 않는지, 의미 있는 안내가 내 눈길을 사로잡는다.

> "와이드너 도서관(the Widner Library)의 『꾸란』에 관한 색인 목록에는 그 책의 저자가 '무함마드'라고 적혀 있다. 이와 대조적으로 기독교 『성서(Bible)』에는 어떤 저자도 기록되어 있지 않다. 이 도서목록은 미묘한 대조를 이뤘다. 『성서』는 신적

(神的) 기원을 갖는 것으로 간주된 반면 『꾸란』은 인간(人間)의 작품으로 간주된 것이다. …… 이 사례는 처음부터 『꾸란』에 접근하는 것이 얼마나 복잡한 일인지를 시사한다. …… 사실, 『꾸란』을 평범한 책을 읽듯이 읽기란 쉽지 않다. 기독교 『성서』는 모두 계시에 대한 어떤 사람의 견해임에도 불구하고, 여러 시대에 걸쳐 많은 사람들의 손으로 집약된, 서로 다른 유형의 복합적 문서들을 포함하고 있다. …… 기독교 문서들의 경우, 『성서』로의 선별과 포함, 또는 배제는 교회 회의의 결과였다. 이에 반해 『꾸란』은 예언자 무함마드의 23년의 생애 기간에 집중된 계시로 널리 인정되고 있다. 그것은 다양한 저자의 흔적이 없는 하나의 문서로서 훨씬 균질적(均質的)이다. 그러한 점이 이 책의 분류를 쉽게 만들지 않는다. …… 때문에 『꾸란』에는 서사적인 구절들이 거의 없다. …… '꾸란'이라는 이름 자체가 '낭독'을 뜻하는데, 이는 이 문서가 '침묵'이 아니라 '큰 소리로 읽혀진다!'는 것을 전제하고 있다."

언스트 교수의 안내에 따라 『꾸란』의 특성을 이해하고 보니, 쉽게 읽히지 않는, 약간의 의문은 풀렸다. 이래서 전문가의 해설이 중요하다. 감사할 따름이다. 어설픈 이해가 될 수도 있겠지만, 다시 『꾸란』을 잡고 교육철학의 문을 두드린다.

『꾸란』11: 진리를 향한 영혼의 소리와 인내

2022. 1. 20. 21:38

『꾸란』 제8장은 「전리품(戰利品)의 장」이다. 배반과 전쟁에 관한 얘기들이 내용의 곳곳을 장식하고 있다. "배반하는 자는 엄한 벌을 받는다."(8:13) "믿음이 없는 자들은 불의 형벌이 내려진다."(8:14) "적군을 만나면 몸가짐을 단단히 하라!"(8:45) 등 알라 신의 종교적 명령이 삶의 지침으로 설정된다. 그 가운데 교육적으로 고심할 부분으로 생각되는 내용 두 가지를 간추려 본다.

첫째, 진리에 관한 인식이다. 진리(眞理)는 교육이 추구하는 이상이다. 진리 추구에 적극적으로 개입하는 지적 존재가 철학이다. 독일의 실존주의 철학자 칼 야스퍼스(Karl Jaspers, 1883~1969)가 말했다.

> "철학의 본질은 진리를 소유하는 것이 아니다. 오히려 진리를 탐구하는 작업이다, 철학이란 도중(途中)에 있음을 의미한다. 철학에서 질문은 그 회답보다도 중요하다. 동시에 모든 회답은 새로운 질문이 된다!"

> 『꾸란』은 강조한다. "진리를 위해, 인간을 집에서 끌어냈을 때, 일부 인간은 그것을 싫어한다. 진리가 분명히 있는데, 거기에 이유를 붙여, 알고 있으면서도 죽음으로 향하고 있는 것 같은 표정을 짓는다. …… 나쁜 자들이 아무리 싫어한다 해도, 진리는 진리이고 거짓은 거짓이다."(8:5-8)

야스퍼스가 강조한 철학 위에 『꾸란』을 비춰 보았다. 진리는 소유가 아니라 탐구 자체다. 질문 가운데 회답이 스며들고 회답으로 말미암아 질문이 풍부해진다. 이런 진리를 향한 열정을 고무하는데도 불구하고, 상당수의 인간은 진리를 피해 도망간다. 진리를 추구하는 교육을 싫어한다. 이것이 인간의 속성인지도 모른다. 그래서 교육은 어렵다. 어려운 만큼 강제 당하고, 강요된다. 이 사이에 교육철학이 개입하더라도 추상(抽象)으로 치닫기 쉽다. 구상(具象)의 양식을 통해 현실을 구체적으로 담보하지 못한다. 이상(理想) 속에 산다. 그것이 이상을 향유하며 교육철학을 가장(假裝)하는 존재들의 한계다.

둘째, 내면의 지속과 인내에 관한 강조다. 인간의 내면(內面)은, 달리 말하면, '양심(良心: conscience)'이다. 루소(Jean Jacques Rousseau, 1712~1778)는 양심을 '영혼의 소리'라고 했다. 양심은, '나 이외에 그 누구이건 보고 있을지 모른다!'라고 나 스스로 타일러주는 내부의 소리다. 그래서 다시, 루소에 의하면, 양심은 '신성한 본능'이다.

이런 인식이 인간의 내면이나 양심에 관한 보편성으로 인정된다면, 『꾸란』의 언급은 우리를 단련시키는 위대한 교육철학으로 자리매김 될 수 있다. "다툼으로 뜻이 흔들려 마침내 마음을 잃고 순풍에 놓치는 일이 있어서는 안 된다. 끝까지 견뎌 나가라! 알라 신께서는 참으로 참고 견디는 자를 도와준다."(8:46) '다툼'은 영혼의 소리를 무너뜨릴 수 없다. 혼란과 갈등과 모순의 투쟁은 밖으로 드러난 시끄러운 소리에 불과하다. 내부의 소리로 환원될 수 없다. 결코, 신성한 본능을 침범할 수 없다. 잠시 스쳐 지나가는, 찻잔 속의 태풍이다. 참고 견뎌내는, 인내(忍耐)의 발자국 아래, 조용히 눌려 있기를 자처하는, 요통

(腰痛)의 순간일 뿐이다. 이런 점에서 『꾸란』의 교육은 끊임없이 '인내'의 철학으로 지속되기를 요청한다.

『꾸란』12: 회개하는 지성의 희사(喜捨)

2022. 1. 22. 20:58

인간의 삶에서 회개(悔改)는, '잘못을 뉘우치고 바로잡는' 위대한 작업이다. 회개가 철저할수록 용기는 자란다. 용기의 성장은 인생을 추동하는 강력한 힘이다. 교육은 이런 회개를 돕는 지성의 잔치다.

『꾸란』의 제9장이 바로 회개의 실제를 다루는 「회개(悔改)의 장」이다. 무함마드가 메디나에 있을 때의 계시로 전체 129절이다. 계시의 흐름은 회개 이전에 근원적 고민을 요청한다. 근원적 고민에는 여러 가지 사항이 있겠지만, 우선 '희사(喜捨)'에 관한 올바른 인식이 중요하다. '재물을 소유하고 있다'고, 의미 없이 막무가내로, 희사하는 것이 아니다.

> "희사는 가난한 사람, 곤궁한 사람, 그것을 징수하며 돌아다니는 사람, 마음으로 협조한 사람, 또 노예나 빚으로 고생하는 사람을 위해, 그리고 알라 신의 길을 위해, 나그네를 위해 있어야 한다."(9:60)

저 '가난한 사람'에서 '나그네'에 이르는, 정착하지 못한 존재들, 복을 지어 나가려는 사람에게 필요하다. 그와 달리, 순수함을 잃은 자들, 협조하지 않는 자들, 주인 행세만을 해대며 고생하지 않는 자들에게는 필요치 않다. 왜냐하면 그들은 상당수가 배신자가 되거나 위선자로 전락하는 경우가 많기 때문이다.

배신(背信)은 믿음을 저버린 행위다. 의리를 팽개친 행동이다. 그러기에 배신자는 인간에게 가장 중요한 삶의 밀천을 포기한 자에 불과하다. 위선(僞善)은 '겉으로만 착한 체하는' 일종의 '거짓 선(善)'이다. 자기만의 이익을 위해 몸부림치는 삶의 최고 적이다. 때문에 위선자는 '가짜 인생', '착각의 세계'를 맴돌 뿐이다. 이런 점에서 『꾸란』은 강력하게 주문한다.

> "예언자여! 배신자, 그리고 위선자와 싸워라. 그들을 심하게 다루어도 좋다. 그들의 갈 곳은 지옥뿐이다. 이 얼마나 나쁜 주거(住居)인가?"(9:73)

이런 위선자는 남성이건 여성이건 서로 비슷하다. 악한 일을 권하고, 선행을 금한다. 도무지 희사를 하려 들지 않는다. 위선자란 한 마디로 말하면, '사악(邪惡)의 무리'다.(9:67) 교육은 사악한 무리에 관한 예방이자 치료다. 사악함을 정직하고 선한 존재로 인도하는 작용이다. 그 훌륭한 방편이 자신의 죄악에 관한 인정이자 회개다. 이 죄악의 회개는 『꾸란』이 제기하는 관용과 자비의 근거가 된다.

> "자기 스스로 자기의 죄를 인정한 자가 있었다. 선과 악을 혼합해서 행한 사람들의 일. 알라께서는 아마도 그들을 용서하실 것이다. 알라께서는 관용을 베풀어 주시고 자비로우신 분이다."(9:102)

반대로, 죄악의 회개를 거부하는 흉악한 존재는 죽음이 기다릴 뿐이다. 이 또한 교육적 인식의 대상이다.

"마음에 병을 가진 자들은 더러움에 더러움을 더하여 불신자로 죽고 만다. 매년 한 번이나 두 번, 자기들이 시험을 당하고 있다고 그들은 생각하고 있지 않은가? 그것으로 그들은 회개도 하지 않고, 반성하는 일도 없다."(9:125-126)

회개(悔改)하자! 반성(反省)하자! 이런 자세만이 배신을 막고 위선에서 벗어나는 지름길이다. 교육은 이를 담보하려는 최전선(最前線)에 서야 한다. 회개와 반성을 통해 지성을 희사(喜捨)해야 한다. 교육은 회개의 최전방(最前方)이다. 반성의 선봉대(先鋒隊)다. 베이컨(Francis Bacon, 1561~1626) 의 언급은 교육을 통한 지적 능력과 지성의 의미를 성찰하게 만든다.

"위선은 너무나 약한 정책적 지략(智略)에 지나지 않는다. 진실을 말할 때를 알고, 그것을 더욱 실천하는 일은 강력한 지적 능력과 지성의 마음을 요청한다. 위선자는 약한 정략가일 뿐이다!"

약한 정략가는 삶을 피폐하게 만든다. 강한 정략가만이 삶을 풍요롭게 이끈다. 무슬림의 교육은 그 길이 뚜렷하다. 어쩌면 약한 정략가인 위선자를 가장 혐오하는지도 모르겠다. 그것은 교육이 진실을 향하고 있다는 분명한 증거다. 회개를 통해 지성을 희사하려는 열망!

『꾸란』13: 자신에게 계시된 그대로 인내하라

2022. 1. 24. 9:38

자신의 인생을 위해 바른 길을 가는 사람이 얼마나 많을까? 인간은 대부분, 자신의 인생을 위해 바른 길을 가고 있다고 생각할 것이다. 정말 그러한지는, 그 누구도 알 수 없다. 어쩌면 '바른 길'을 정한 것 자체가 인간 사회의 완벽한 착각일 수도 있다.

바른 길이라는 화두와 실천을 앞에 두고, 열심히 살아온 사람들의 면면을 보시라. 어떤 사람은 여러 사람들의 칭찬을 받으며 그 길을 갔다고 자부했다. 그러나 비뚤어져 있기도 하다. 어떤 사람은 온갖 비난을 감수하고 욕을 얻어먹으며 그 길로 간다. 그러면서 생의 열정을 불태우기도 한다. 이 바른 길에 관한 기준은, 여건에 따라 너무나 혼란스럽다. '뜻밖에 불행한 일'인 재난(災難)이 인생의 곳곳을 파고들면서, '바른 길'이라는 정도(正道)는 의심을 받는다. 그 재난을 헤치고 정도를 갈구하며, 자기 자신을 위해 바른 길을 가야 한다고 강변하는 것이, 다름 아닌 교육의 마당이다. 이 마당이 허상이 아니라 실상이 되려면, 재난의 양상과 정도의 본성을 고심할 필요가 있다.

『꾸란』 10장의 「요나의 장」은 재난과 정도를 앞에 두고, 그 기준과 속성을 정직하게 묻는다.

> "인간은 재난이 내리면 옆으로 눕는다. 때로는 앉고 때로는 서서 우리를 부른다. 우리가 재난에서 구해주면, 몸에 닥친 재난을 위해 우리가 부른 일이 없는 것처럼 모른 체하고 지나가

> 고 만다. 무뢰한(無賴漢)들에게는 자기가 하고 있는 일이 이렇게 분명히 보인다."(10:12)

인간은 기본적으로 바르지 못하다! 스스로의 삶을 책임지지 않고, 여기저기 의지하며 땀 흘리지 않는 불량한 존재일수록 더욱 그러하다. 뜻밖에 불행한 일을 마주하면 다양한 반응을 보인다. 그러다 누군가의 도움으로 재난을 벗어나는 순간, 아무 일도 없었던 것처럼 그냥 스쳐 지나간다. 눈만 깜짝거릴 뿐이다. 아니면, 입으로만, 흔히 말하는 립 서비스로만 응대할 뿐이다. 도움을 주며 배려했던 사람들에게 진정한 고마움을 표시할 줄 모른다. 감사의 의미를 마음에 담지 못했다. 그런 무뢰한들이 우글대는 것이 세상이다. 세상은 나쁜 녀석들의 천국이다!

재난(災難)이 축적되면 불의(不義)로 바뀐다. 재난을 타자에게 의지하면 할수록 불의의 지평은 확대된다. 온 세상이 불의의 바다로 뒤덮인다. 『꾸란』의 지적은 인과응보(因果應報)를 정확하게 예시한다.

> "불의한 짓을 한 자가, 제 각기 지상의 모든 것을 가지고 있으면, 반드시 그것으로 죄과의 책임을 벗어나려 한다. 하지만 그로 인해 징벌이 눈앞에 닥칠 때는 슬며시 후회하는 생각을 가지게 된다. 그들은 자신이 불의를 저지른 만큼, 부당하게 취급되는 일 없이 공정하게 재판을 받을 수밖에 없다."(10:54)

문제는 불의를 덮으려는 또 다른 불의다. 죄과의 책임을 벗어나려는 자기변명으로 다시 불의를 조장한다. 그것은 개인의 죄악을 넘어, 사회악을 부르는 근원이다. 그래서 요청한 것이 '바른 길'이다. 불의

(不義)가 아니라 의리(義理)이고, 정도(正道)다. 이 지점에서 무슬림에게 부여된 정도에 관한 의무를 눈여겨보아야 한다. 그 자세와 태도가 엄격하고 중후하게 자신에게로 향한다.

> "바른 길을 가는 사람은 자기 자신을 위해 바른 길을 간다. 헤매는 자는 자기 스스로 허둥대고 헤매면서 손해를 부른다. 알라 신은 단순히 너희들의 후견인(後見人)이 아니다! 그대는 오로지 자기에게 계시된 그대로 하고 있으면 좋다. 인내하라!"(10:108-109)

정도를 걷는 사람이, 자신의 삶을 바르게 인솔하려는 자세는 당연(當然)이다. 헤매는 자가 헤매며 스스로에게 손해를 끼치는 일도 논리적 정합성을 지닐 수 있다. 그래서 알라를 비롯한 어떤 신도 인간의 후견인이 아니다! 사람의 후견인은 사람일 수밖에 없다. 자신의 후견인은 자신일 수밖에 없다!

'자신에게 계시(啓示)된 그대로!' 이 말이 너무나 두렵다. 무섭게 다가온다. 계시(啓示)는 종교적 차원에서 이해하면, '인간의 지식이나 지혜로는 알 수 없는 진리를 신이 가르치고 깨우쳐 주어 알게 하는', 그런 사안이다. 하지만, 교육적으로 인식하면, 계시는 현실에 던져진 존재의 갈 길을 지시한다.

'계시(啓示)'는 말 그대로 '열어 보여주다'라는 뜻이다. 그렇다면, '누가 열고 누가 보여주는가?' 계시를 진정으로 구현해 주는 존재는 아무도 없다. 교사와 학생이 관계하는 사이에서 보면, '교사가 열어주고 깨우쳐 준다'라고 의미부여할 수도 있다. 교육자의 역할이나 교육의 형식상 그렇게 느껴질 수는 있다. 형식적으로 느껴지는 저 타자의 조력(助力)이 큰 힘이 되기도 한다.

그러나 실질적으로, 내면의, 심연의, 저 바닥은 다른 방식으로 작동한다. 그것은 실존(實存)의 문제다. 인생이 펼쳐가는 모든 내용은, 실질적으로 자신이 열고 보여줄 뿐이다. 자신이 열어가고 보여주는, 삶의 편린(片鱗)이 겹겹이 엮이며, 인생의 텍스트가 조성된다. 인내를 통해 한 조각 한 조각 퍼즐을 맞추어 나가듯, 그렇게 하루를, 또 일 년을, 궁극적으로 일생을 창조해 나갈 뿐이다. 이렇게 교육은 일생으로 녹아든다.

『꾸란』14: 하고 싶은 일을 하라!

2022. 1. 29. 19:26

인간의 존재 이유 가운데 정말 중요한 것은 무엇일까? 욕망(欲望: desire)일까? 욕구(欲求: need)일까? 욕심(欲心: greed)일까? '하고 싶은' 저 내면의 움직임에 따라 인간은 자신을 가꾸고 있을까? 그렇다면 교육은 무엇이어야 할까?

『꾸란』의 11장 「후드의 장」은 '하고 싶은 일을 하도록' 권장하는, '욕(慾)'이라는 삶의 바람이 들어 있다. 그 구절의 반복이 교육적 사고를 잠시 멈추게 만든다.

> "사람들아, 저울눈과 되질을 바르게 하고 넉넉하게 재라. 사람들의 물품을 손상해서는 안 된다. 법을 무시하는 일을 통해 인간 세상에 피해를 끼쳐서도 안 된다."(11:85)

'욕(慾)'이라는 삶의 바람은, 무게를 헤아리기 위해 저울의 눈금을 재고, 부피를 헤아리기 위해 되에 채우는 활동 가운데 드러난다. 저울의 눈금이 높지도 낮지도 않은 적절함에, 되 속이 덜 채워지지도 너무 채워 넘치지도 않는 합당함을 지향한다. 그것이 균형이다. 균형감각을 지닐 때, 인간과 세상에 대한 손상과 피해가 줄어든다. 그러나 인간의 속성은 하고 싶은 일을 향해 달려갈 뿐이다. 『꾸란』의 알라 신은 그 지점을 명확하게 고려한다. 그리고 적극적으로 용인한다.

“사람들아, 너희들은, 될 수 있는 한, 하고 싶은 일을 하라. 나도 그렇게 한다. 누가 굴욕(屈辱)의 징벌을 받는가, 또 누가 거짓말쟁이인가, 하고 싶은 일을 하는 가운데, 너희들은 자연스럽게 제각기 알게 될 것이다. 그리고 기다리고 있어라. 나 알라 신도 너희들과 기다리겠다.(11:93) …… 믿지 않는 자들에게 말하여 주라. ‘너희들에게 할 수 있는 일이라면, 무엇이든 하라. 나 알라 신도 그렇게 하겠다. 그리고 기다려라, 우리들도 기다리겠다.’”(11:121-122)

‘하고 싶은 일’에 대한 개방과 긍정은, 인간에게 자율(自律)을 부여하는 신성(神聖)이다. 대신, ‘굴욕’이나 ‘거짓말’의 반대편을 지향해야 한다. 그것은 올바름을 실천하는 자긍(自矜)이고 참을 이행하는 진실이다. 그 ‘욕(慾)’이라는 삶의 바람은 내면을 흥분시키는 교육으로 이어진다. ‘마음공부’의 차원에서 제기될 수도 있고, ‘영성(靈性)교육’을 내밀 수도 있다.

스피노자(Baruch de Spinoza, 1632~1677)나 라깡(Jacques Lacan, 1901~1981)에 의하면, 욕망은 ‘인간의 본질’이다. 끊임없이 미끄러져 또 다른 곳으로 눈길을 돌리는, 채우기 힘든, ‘잉여(剩餘)’다. 욕구는 ‘불만(不滿)’과 ‘만족(滿足)’ 사이를 맴돌며 충족(充足)을 요청한다. 잉여물의 혼란으로 넘치는 욕망은 강제로 빼내어 잡아야 한다. 충족하지 못해 부족한 욕구는 자연스럽게 채워야 한다. 그 균형의 절제가 마음에서 일어나야 제대로 된 교육의 시야를 확보할 수 있다. 『꾸란』의 절대 신뢰처럼, 굴욕적이지 않고 거짓 없는, 하고 싶은 일을 하라! 『꾸란』의 교육적 욕심도 이에 만족하는 것이 아닐까?

『꾸란』15: 꿈이 던지는 메시지 사이에서

2022. 1. 30. 15:36

『꾸란』의 제12장은 「요셉의 장」이다. 이는 무함마드가 메카에 있을 때의 계시로, 전체 111절이다. 여기 '요셉'의 이야기는 『구약성서』의 「창세기」 가운데서도 유명한 애굽의 요셉 설화를 말한다. 『꾸란』은 『구약성서』와 달리, 요셉의 이야기를 '알라 신'의 존재를 나타내는 교훈으로 보여준다.

특히, 꿈에 관한 해몽이 눈길을 끈다. 프로이트(Sigmund, Freud, 1856~1939)를 거론하지 않더라도, 인류는 대부분 꿈을 꾸며 살아간다. 무의도적이고 무의식적인 꿈은 잠과 연관되어 있다. 잠자는 동안 발현된다. 의도적이고 의식적인 꿈은 삶과 연관되어 있다. 저 고요하게 정적(靜的)인 양상의 '잠', 이 움직이며 동적(動的)인 '삶', 이 사이에 무엇이 걸쳐 있을까? 잠 가운데 꿈은 과거(過去)에 누적된 삶의 현시(顯示)이고, 그 현시는 다시 삶을 욕구한다. 동시에, 삶 가운데 꿈은 현실(現實)을 다듬어 가는 삶의 조성(造成)이다. 그 조성은 다시 현실로 다가올 가까운 미래를 추동(推動)한다. 이런 모든 꿈이 현실에서 달성되지 않을 때, 인간은 다시 영원히 잠드는 내세(來世)에서 영혼의 삶을 꿈꾼다.

프로이트는 단언했다. '인간의 내면 깊숙한 곳에 숨어 있는 무의식(無意識)은 그 사람의 행동과 정서를 규정한다!' 객관적으로 검증하기 어렵지만, 상당히 일리 있는 말 같기도 하다. 무의식은 어떤 양식으로건 의식에 영향을 미친다. 그러나 꿈이나 정신을 분석하는 방법을 통하지 않고는 결코 의식화하지 않는다. 아니, 의식이 될 수 없다. 그럼 꿈이란 무엇일까? 의식하기 힘든 양태이기에 풀이가 필요한가? 정말, 해몽(解夢)이 무의식의 의식화를 인도하는가? 이런 생각에 사로잡히면서, 『꾸란』 12장의 해몽을 고민한다. 요셉의 해몽은 어떤 교육철학적 메시지를 던지는가?

> "'진실한 사람 요셉이여! 일곱 마리의 살찐 암소를 먹은 일곱 마리의 야윈 암소, 일곱 개의 푸른 이삭과 일곱 개의 시든 이삭에 대한 해몽을 해 주십시오. 저는 모든 사람에게 돌아가서 알려주고 싶습니다.' 그는 말했다. '7년간은 관례에 따라 씨를 뿌려라. 그리고 거둬들인 것은 식량으로 먹을 소량을 제외하고 이삭 그대로 남겨 두어라. 그 후에 7년간 아주 괴로운 시기가 올 것이다. 이때 미리 비축해 두었던 것을 전부 먹게 되면, 겨우 씨앗으로 사용할 종자만이 소량으로 남을 뿐이다. 그 후에 오는 1년은 비가 많이 내린다. 이때 포도주를 짜는 때가 오게 될 것이다."(12:46-49)

몇몇 단어와 개념이 가슴을 설레게 한다. '살찐' 암소와 '야윈' 암소, '푸른' 이삭과 '시든' 이삭, 암소 일곱 마리와 이삭 일곱 개, 7년간의 농사, 수확한 식량과 뿌릴 종자, 7년 주기의 풍년과 흉년, 1년간의 홍수, 포도주 생산!

이 대비되는 상징이 무엇인가? 교육은 야위어 앙상한 상황보다는 살쪄 풍성한, 시들어 있는 존재보다는 푸른, 씨 뿌리기보다는 결실의 수확을, 고려하는 듯하다. 그렇게 성취와 성공을 결과로 이끌어 내기를 꿈꾼다. 그래야만이 효율적이고 효용성을 노래할 수 있어서겠지.

하지만 그것은 진짜, 꿈에 흠뻑 빠진 존재들의 넋두리로 전락할 수 있다. 다름 아닌, 세상의 이치를 무시할 경우다. 세상은 명암(明暗)이 갈마 든다. 살찐 것이 있으면 야윈 것도 있고, 살아 움직이면서 푸른 것이 있으면 죽어가면서 시드는 것도 있다. 7년 주기로 오버랩 되는 저 풍작과 흉작의 교체를 염두에 두는 것이, 오히려, 성공의 요인을 담보하는 교육철학의 순수성이다.

때문에 『꾸란』은 경계한다. "하늘과 땅 사이에는 얼마나 많은 징표가 있는가! 그들은 얼굴을 돌리며 지나치고, 멀리 하고 있다."(12:105)

2월

Flower Garden
Theodore Earl Butler (American, 1861-1936)

『꾸란』16: 지상낙원의 열매와 그늘

2022. 2. 2. 13:01

『꾸란』의 제13장은 「우뢰(雨雷)의 장」이다. 이는 무함마드가 메카에 있을 때의 계시로, 전체 43절이다. 앞에서 나온 다른 장에 비해 상대적으로 내용이 적다. 그런데 의미의 울림이 다르다. 흔히 쓰는 속담에 '말을 물가까지 끌고 갈 수는 있지만, 말에게 억지로 물을 먹일 수는 없다!' 교육적으로도 의미심장한 말이다. 비유하면, 교사는 학생에게 아주 훌륭한 교육내용을 전달할 수 있다. 하지만 그것을 구체적으로 받아들이고 학습하여 자신의 것으로 소화하는 작업은 학생의 몫이다. 물가로 끌고 간 말에게 억지로 물을 먹일 수 없듯이, 아무리 탁월한 교사일지라도 억지로 학생의 성장을 인도하기는 어렵다. 종교적 신념에 따라 『꾸란』은 분명하게 구분한다. 믿음이 있는 사람과 믿음이 없는 자의 기도(祈禱)! 그것은 극지(極地)에서 서로를 쳐다볼 뿐이다.

> "입에까지 다가오라고 물을 향해 양 손을 벌리고 있는 자가 있다. 물 쪽에서 그에게 결코 올 리가 없다. 이런 존재는 믿음이 없는 자다. 믿음이 없는 자의 기도는 길을 잃고 헤매고 있을 뿐이다."(13:14)

교육도 마찬가지다. 물을 마신다고 생각해 보자. 목이 마르다. 어떻게 해야 하는가? 말할 필요도 없다. 물을 마셔야 한다. 그런데 목마른 사람은 나 자신이다. 그 물을 찾아가야 하는가? 물이 나에게 오기를 기다려야 하는가? 누가 물을 주는가?

교육은 목마른 인간이 물을 찾아가는 작업과도 같다. 그 물은, 종교적으로 이해하면, 신(神)의 세계이자 신의 계시(啓示)에 의한 진리다. 교육적으로 환언하면, 인간의 삶을 보장하고 윤택하게 만드는 삶의 기술들이다. 그것은 시대나 사회에 따라 내용과 목적이 달라지고, 구현하는 방법도 달라진다.

교육이 무엇일까? 감나무에서 홍시(紅柹)가 떨어져 입 안으로 들어오기를 기다리는 일은 결코 아니다. 가정해 보자. 감나무가 있고 거기에 잘 익은 홍시가 주렁주렁 달려 있다. 그 홍시를 맛보고 달콤함을 느끼는 것이 오늘 인생의 목적이다. 어떻게 할 것인가? 감나무 위로 올라가 홍시를 딸 것인가? 감나무 아래에서 조리개를 이용하여 홍시를 딸 것인가? 아니면 시장에서 파는 홍시를 사다 먹을 것인가? 교육은 최소한 이 세 가지 방식을 고려해야 한다. 감나무 위로 직접 올라가 홍시를 따서 먹는다면, 나무에 오를 수 있는 체력(體力)이 있어야 한다. 감나무 아래에서 조리개를 이용하여 홍시를 따서 먹는다면, 조리개를 직접 만들거나 다른 사람이 만들어 놓은 조리개와 같은 홍시 따는 도구(道具)를 이용할 수 있는 능력을 갖춰야 한다. 시장에서 홍시를 사 먹으려면 시장에서 홍시를 파는 사람이 있어야 하고, 홍시를 살 경제력(經濟力)을 갖추어야 한다. 무엇을 선택할 것인가?

이 세 가지 가운데 어떤 것도 수행하지 못할 때, 이는 『꾸란』에서 말하는 '믿음이 없는 자의 기도'다. 그것은 길을 잃는다. 삶의 길을 볼 수 없는 만큼, 삶은 어둠 속에서 허우적거리며 헤맨다. 엉터리다. 멍청이다. 많은 지식을 확보하고 세상을 안다고 해도, 그런 존재는 교육받은 인간의 대열에 들어설 수 없다. 헛소리로 가득한 말만 많을 뿐이다.

진실과 허위를 비유로 설명할 때, 다음과 같은 메시지는 교육의 열쇠가 어디에 있는지를 생각하게 만든다. 『꾸란』은 말한다.

> "알라 신께서는 하늘에서 비를 내린다. 골짜기에는 그 넓이에 따라 물이 흐르고, 넘친 물 위로는 거품을 나른다. 또 장식품이나 기구를 만들기 위해 쇠를 불에 넣어 녹인다. 이때 쇠불이에서도 물거품 같은 거품이 나온다. 이런 거품은 얼마 지나지 않아 먼지처럼 사라진다. 결국은 사람들에게 필요한 것만이 땅 위에 남는다."(13:17)

비유가 엄청나다. 상식적인 비유인데도 두렵다. 유학의 '중용(中庸)'이 떠오른다. 가장 적절하고, 균형 있는, 그 진선미(眞善美)의 세계, '절대 진리'나 '절대 상식'과 같은 인생의 미학이 엿보이기 때문이다.

하늘은 모든 존재가 살아갈 수 있는 비를 내린다. 비[雨]는 달리 말하면 '물[水]'이다. 이 비는 지상에 스며들고, 오목한 곳을 찾아 흘러간다. 오목한 곳곳마다, 그 골짜기를 지나면서 소용돌이치기도 하고 고이기도 하며, 자기 운동을 해 나간다. 골짜기의 규모에 맞추어 충분히 수용했으나 때로는 규모를 넘어 지나칠 때, 넘치게 된다. 넘쳐나는 물굽이 곳곳에는 거품이 가득하다. 그것은 걷어내 버려질 불용품(不用品)이다. 사용할 수 없는, 아니, 사용할 필요가 없는 잉여물(剩餘物)일 뿐이다. 그런 만큼 어떤 존재도 돌아보지 않는다. 골짜기의 규모에 맞게 흐르는 저 신선한 물만이 인간 세상에 유용(有用)하다.

하늘에서 비가 내리듯, 교육은 늘 '교육의 비'를 뿌린다. 골짜기의 넓이에 따라 물이 고이고 흐르듯, 인간의 넓이에 따라 교육도 고이고 흐른다. 그 가운데 인간에게 소용이 닿는 교육만이 지상에 영향을 미친다. 무엇일까?

그것은 『꾸란』에서 지적했듯이, "주께서 그대에게 내린 것이 진리임을 알고 있는 자가 눈이 보이지 않는 자와 갈겠는가? 마음에 있는 자만이 알 수 있다!"(13:19) 어떤 교육이 인간에게 필요한지, 눈으로 보고 마음에 두는 자만이 알 수 있다. 아니, 실천하는 사람에게만 교육의 진정성이 다가올 뿐이다. 그리하여 교육의 효과는 다시, 극지(極地)에서 마주한다.

> "경건한 사람에게는 약속된 낙원(樂園)이 있다. 낙원에는 그 아래에 냇물이 흘러 잘 익은 나무열매가 늘 주렁주렁 달려 있고, 또 시원한 그늘이 있다. 이것이 경건한 사람에게 주어지는 보수다. 믿음이 없는 자에 대한 보수는 지옥의 불 뿐이다."(13:35)

알라 신을 믿는 무슬림들에게, 믿음에 대한 보수가 이와 같다면, 그들이 수행하는 교육에 대한 보수도 이에 빗대어 유추할 수 있다. 믿음이 있는 자를 '경건한 사람'이라고 한다면, 그는 교육받은 인간이다. 그렇다면 교육받은 인간에게는 약속된 지상낙원이 있다. 그 지상낙원에는 언제나 먹을 양식이 풍족하다. 일하고 휴식할 수 있는 아름다운 공간도 갖췄다. 교육이 주는 보상은 엄격하고 냉혹하다. 그냥, 대충(大衝) 얼버무리며 얼치기로 수행해서는 곤란하다. 땡볕을 쪼이며 일한 결과, 삶을 보장하는 주식(主食)으로서 열매! 그늘에서 쉬며 삶을 윤택하게 만드는 부식(副食)으로서 휴식! 이 두 가지 주(主)-부(副)의 어울림으로 즐거운 동산을 만든다.

『꾸란』17: 뿌리가 튼튼한, 교육받은 인간의 말씀

2022. 2. 5. 14:07

『꾸란』의 제14장은 「아브라함의 장」이다. 무함마드가 메카에 있을 때의 계시로, 전체 52절이다. 이 지점에서 알라 신이 창조한 이 세상의 모든 삶에 필요한 여건을, 교육의 인프라에 비유하고 싶다. 그리고 '믿음이 있는 사람'들을 '교육받은 사람'으로 환언하고, '믿음이 없는 자'들을 교육을 제대로 받지 못한 어리석은 인간으로 상정해 본다. 그런 비유가 정당하지 않을 수도 있지만, 종교가 지닌 교육철학을 이해하기 위한 방편은 될 수 있으리라.

모든 종교가 그렇듯이, 이슬람의 알라 신이 구축한 교육적 여건은 완벽하다. 온전하면서도 탄탄하다. 방대하면서도 안정적이다. 인간은 그 은총에 감사하고 쓰임새를 이해하여 올바른 삶을 전개하면 그만이다. 『꾸란』은 조용하게 읊조린다.

> "알라 신은 천지를 창조하고 하늘에서 비를 뿌려 그것으로 여러 가지의 과실을 여물도록 하여 너희들의 식량으로 삼은 분이다. 또 알라 신께서는 너희들을 위해 배를 만들고 명령을 받들어 바다를 운행할 수 있게 하고, 또 너희들을 위해 냇물을 쓰임새 있게 한다. 또 너희들을 위해 해와 달을 만들어 늘 변함없는 길을 가게 하고, 또 너희들을 위해 밤과 낮을 쓰임새 있게 한다. 그리고 너희들이 구하는 것은 모두 준다. 너희들이 알라 신의 은총을 헤아리려 해도 도저히 셀 수 없다. 참으로 인간이란 것은 의롭지 못하다. 감사할 줄 모르는 존재들이다."(14:32-34)

인간은 권모술수(權謀術數)에 능숙한 동물이다. 권모술수는 계략(計略)을 꾸미고 술책(術策)을 부리는 음모(陰謀)의 방식으로 전락하기 싶다. 정상(正常)의 자연성보다 비정상(非正常)의 인위성이 깊이 개입한다. 상식적 묘수(妙手)가 사업을 지배하기보다 비상식적 협잡(挾雜)이 난제를 이끈다. 그 결과는 삶의 휘청거림 가운데 야위어가는 꼴을 가져올 뿐이다.

그리하여, '주를 믿지 않는 자', 즉 '교육받지 못한 존재'들은 그 하는 일이 다음과 같이 비유된다. "폭풍이 부는 날, 바람에 날리는 재와 같다. 그들은 자기 손으로 벌어들인 것을 어떻게 할 수가 없다. 바람에 날리는 재처럼, 길을 잃고 되돌아갈 수가 없다."(14:18) 의미 있게 갖춰진 교육 인프라와 그것을 통해 교육받은 존재들, 그리고 그들이 던지는 좋은 말씀은 "좋은 나무와 같이 그 뿌리는 단단하고 그 가지는 하늘 높이 자란다."(14:24) 의미 있게 갖춰진 교육 인프라에 감사할 줄도 모르고 이해하지도 못하는 교육받지 못하는 존재들, 그리고 그들이 던지는 나쁜 말은 "나쁜 나무와 같이 뿌리 자체부터 썩어 들어가 불안정하여 안정된 인생을 펼칠 수가 없다."(14:26)

그렇다면, '뿌리가 튼튼한 나무'와 같이 '인생의 기초'를 착실하게 다지는 작업이 교육인가?

『꾸란』18: 신탁(神託)에의 의지

2022. 2. 8. 19:38

『꾸란』의 계시를 파악하기가 정말 힘들다. 고백하지 않을 수 없는 지경이다. 무슬림도 아니고, 이슬람 세계에 대해 알지도 못하고, 어찌 『꾸란』을 읽는단 말인가! 상대적으로 오랫동안 공부해왔던 유교(儒教)의 시선에서, 암호를 해독하는 것처럼 접근할 수밖에 없다. 제15장 「히지루의 장」을 읽으며, 몇 번이나 되새겨 보았으나, 아직도 의미는 무한정으로 튕겨나가기만 한다. 그래도 다음 몇 구절이 깊은 사색을 유도한다.

> "어떤 민족도 자기가 정한 시기보다 빨리 이를 수도 없고 늦을 수도 없다. 모두가 말하고 있다. '신탁(神託)이 내려진 사람들아, 너희들은 분명히 의지해 있다. 너희가 진실을 말하고 있다면, 왜 우리들 곁에 천사를 데리고 오지 않는가?' 우리들은 정당한 이유가 없다면, 천사를 보내는 일은 없다. 하지만 그렇게 되면 그들은 유예를 받을 수 없다. 분명히 우리들은 이 신탁을 내렸다. 그리고 우리들은 그것을 지키고 있다!"(15: 5-9)

신탁(神託: oracle)은 신의 의지를 인간에게 전달하는 성스러운 작업이다. 『종교학사전』에 의하면, 신탁은 일반적으로 신이 고지하는 말이기 때문에 '신의 말씀'으로 통한다. 신탁을 얻는 방법은 다양하다. 보편적인 측면은 하나다. 인간의 일상적 판단을 초월하는 어려운 문제를 신의 의지에 따라 해결하려는 태도다. 이런 신탁에 관여하는 존재가 샤먼(shaman)이다. 샤먼은 신령(神靈)과 직접 교통한다. 그리고 신의 의지를 일반 사람들에게 전달하는 특수한 능력을 지니고 있다.

서구 문명의 원천을 형성하는데 기여한 고대 그리스인의 생활도 신탁을 중심으로 운영되었다. 우리에게 익숙한 델포이 아폴론의 신탁은 소크라테스의 철학적 활동의 원천이었다. 너무나 유명한 '너 자신을 알라!'라는 말도 그러하다. 고대 이스라엘의 예언자들도 신의 말을 1인칭으로 이야기하는 샤먼이다. 예언자의 말은 바로 신의 말이다. 예언자의 말이 민족이 위기에 처했을 때, 역사를 움직이는 힘이 된 것도 그런 이유 때문이다. 대표적인 예언자로 '이사야', '예레미야', '아모스', '호세아' 등이 있다. 유대교에서 보면, 기독교의 예수도 예언자 가운데 한 명일 뿐이다.

위에서 신탁을 언급한 무함마드는 '인류 최후의 예언자'라고 불린다. 왜냐하면 이슬람교에서는 인간의 궁극적 삶에 관련된 신은 예언자 무함마드를 통해 최종적이며 직접적인 형태로 계시되었다고 인식하기 때문이다. 그래서 『꾸란』은 유한한 인간의 말에 의한 무한한 신의 의지가 현시된 것이다.

신탁(神託)을 교육적으로 이해하면 어떻게 응용할 수 있을까? 예언자나 샤먼을 교사[스승]에 비유할 수 있을까? 교육에서 다루는 진리의 세계를 신의 영역으로 대체한다면, 교사는 신탁을 다루는 사람임에 분명하다. 이슬람의 교육자는 '신탁(神託)이 내려진 사람'이다. 그들은 분명히 신탁에 의지(依地)한다. 그리고 신탁을 지킨다. 이 시대 교육은 어떤 신탁을 부르짖을까? 신탁의 말씀은 어떻게 새겨져 있을까? 아니면, 신탁의 존재는 정해지지도 않고 정해질 수도 없는, 삶 가운데 재생되고 새롭게 조성되는 운명일까?

『꾸란』19: 세 가지 교육 생명, 공정과 선행과 증여

2022. 2. 9. 17:24

『꾸란』의 제16장 「꿀벌의 장」은 무함마드가 메카에 있을 때의 계시로 모두 128절이다. 천지창조(天地創造)와 삶의 기초를 놓은 알라신의 은총이 가득하다. 그것은 아래와 같이 드러난다.

> "알라께서는 진리를 가지고 하늘과 땅을 창조하였다. 알라께서는 그들이 함께 섬기고 있는 사람들로부터 초월하여 높이 계신다. 알라께서는 인간을 한 방울의 액체로 창조하였다. 그런데 보라! 인간들이 공공연히 덤벼든다. 또 너희들을 위해 가축을 창조하였다. 이 가축은 너희들의 몸을 따뜻하게 만드는 옷감용 털을 주고, 여러 가지 이익이 있도록 하며, 식용 고기를 제공한다. …… 알라께서 바른 길을 명시하는 것은, 마음만 있으면 너희들을 모두 바른 길로 인도해 주기 위해서다. 알라께서는 하늘에서 비를 내리게 해주시는 분이다. 그것은 너희들이 마시는 물이 되고, 너희들이 기르는 가축의 사료가 되는 초목을 자라게 만든다. 또 그것으로 곡식, 대추야자, 포도 등 그 외에 모든 과실을 너희들을 위해 자라게 한다. 참으로 이 가운데 사려 깊은 사람에 대한 계시가 있다. 또 너희들을 위해 밤과 낮, 해와 달을 움직이게 한다. 모든 별도 알라의 명령에 따라 움직이고 있다. 이 가운데 분별 있는 사람에 대한 계시가 있다. 또 지상에서 만든 여러 가지 모양의 색깔이 입혀진 것 가운데 주의 깊은 사람에 대한 계시가 있다."(16:3-13)

이슬람의 알라 신은 우주 자연과 인간 세상에 펼칠 삶의 조건을 구비해 주었다. 그것은 교육으로 거듭날 수 있는 사회생활의 필수요소다. 각종 동물과 식물, 곡식과 과일, 분별력을 갖춘 존재에 대한 배려 등, 교육으로 인간이 보다 온전한 존재로 성장할 수 있도록 토대를 마련해 놓았다. 이슬람 교육은 이를 바탕으로 전개된다. 그런 점에서 알라 신의 세계창조는 교육의 기초 형성과 상통한다. 그 기초 위에 펼쳐지는 교육은 알라 신의 간략한 명령으로 구현된다. 그것은 '공정(公正)'과 '선행(善行)'과 '증여(贈與)'다.

> "알라께서는 공정과 선행을 명하였고, 친척에게 아낌없이 줄 것을 명하였으며, 음란과 추행과 악행을 금지하였다. 너희들이 반성할 것을 바라며 훈계하였다."(16:90)

공정(公正: equity, fairness)은 공평하고 올바른 행위다. 『교육학사전』에 의하면, 집단이나 사회의 조직생활 과정에서 여러 인격에 대한 대우 또는 복리(福利)의 배분 등을 기준에 따라 공평히 하는 작업이다. 공정의 기준도 약간씩 차이가 있다. 대우나 복리의 배분 대상이 같을 경우, '똑같이 대우한다!'라는 '동일성(sameness) 모형'도 있고, 대상이 같건 다르건 관계없이 주어진 규정이나 규칙에 적합한지의 여부에 따라 대우하는 '적합성(fittingness) 모형'도 있다. 이는 교육에서 주요한 문제로 등장한다.

선행(善行: good works)은 너무나 흔하게 쓰는 용어이긴 하지만, 생각에 따라 해석의 차이가 있다. 『성경사전』에 의하면, 선행은 착한 행실이다. 성도(聖徒)의 생활 규범 가운데 하나로 마땅히 해야 할 본분

(本分)이다. 이는 무엇보다도 사랑에서 우러나와야 한다. 선행 자체는 구원을 받기 위한 공로가 될 수 없다. 하지만 그것은 신에게 영광을 돌리는 방법이다. 구원받은 사람의 믿음, 신앙의 표현이다. 철학적으로 이해하면, 다른 언표로 설명된다. 선(善)은 사물이나 인간 또는 상황에 관한, 좋은 일이나 뛰어나거나 훌륭한 것을 뜻한다. 인간의 교육에서 중요한 것은 '도덕적 가치'로서의 선이다. 물론, 이때의 선행은 시간이나 장소, 그리고 인간에 따라 달라진다. 지혜일 수도 있고, 시혜나 용기, 행복이나 쾌락, 절제나 노동일 수도 있다.

증여(贈與: gift)는 단순하게 얘기하면, 재산을 무상으로 넘겨주는 일이다. 말 그대로 '선물'이다. 그러나 법률적으로 설명하면 조금 복잡하다. 증여하는 사람이 대가없이 자기의 재산을 증여받는 사람에게 주겠다는 의사를 표시하고, 상대방이 이를 승낙함으로써 성립하게 되는 계약이다.

이슬람 세계에서 알라 신은 '공정'과 '선행'과 '증여', 이 세 가지를 명(命)하였다. 명(命)은 '목숨'이다. 생명이라는 말이다. 꿈틀거리며 살아가는 모든 존재의 본원이다. 이 세 가지를 현실에서 실천하는 작업이 무슬림의 교육적 생명이다. 그 반대는 음란(淫亂)과 추행(醜行)과 악행(惡行)이다. 달리 말하면, 교육은 음란을 막고 추행과 악행을 저지르지 않으려는 삶의 자세를 확보하는 일이다. 그런 만큼 공정과 선행과 증여를 통해, "각자가 자기를 위해 변호하고, 자기의 행위에 충분한 보상을 받으며, 부당하게 취급되지 않는 날을 생각하라."(16:111) 교육받은 존재가 돌아갈 곳은 이 지점뿐이다.

『꾸란』20: 어둠에서 탐색하는 배려의 지혜

2022. 2. 16. 5:44

『꾸란』은 다양한 영역에서 '배려(配慮: caring)' 의식과 실천을 제기한다. 동서고금을 막론하고 여러 학자들이 강조했듯이, 배려는 교육의 효과를 드러내주는 상징이다. 배려와 관련한 철학적 사색은 하이데거(M. Heidegger, 1889~1976)의 '공존성(共存性)' 개념을 빌리면 도움이 된다. 하이데거는 『존재와 시간』에서 다음과 같이 강조한다.

> "개시된 것으로서 현존재(現存在)는 현사실적(現事實的)으로는 다른 사람과 같이 있는 공존성(共存性)이라는 방법에서 실존한다. 현존재는 공공적인 평균적 양해가능성 속에 스스로를 보지(保持)하고 있다. 일상적인 상호공존성에서 해석되고 표현되는 '~을 하는 지금은', '~을 할 그때는'과 같은 언사는, 그것이 어떤 종류의 한계 내에서만, 일의적(一義的)으로 날짜가 정해져 있는 데 지나지 않더라도, 원칙적으로 양해된다. '가장 친근한' 상호공존성에서는 약간의 사람들이 '같이' '지금은'과 같이 말할 수 있다. 하지만 그때 각자는 입 밖에 나온 말인 '지금은'이라는 표현에 다른 날짜를 가리킨다. '지금은'이라고 표현된 말은 각자에 따라 세계 내 상호공존성의 공공성에서 말해지고 있는 것이다."

하이데거는 공존성에 기초하여, 배려를 인간 삶의 존재(存在) 자체로 설명했다. 배려윤리와 교육론을 강조한 페미니스트 철학자로 유명한 나딩스(Nel Noddings, 1929~)는 하이데거의 이러한 개념을 다른 생물들에 대해 염려(念慮)하는 태도, 세심하게 배려하며 일을 해야 한다는 걱정, 가장 심도 있는 존재론적 갈망들, 스쳐가는 근심의 순간들, 그리고 인간의 삶에 따라오는 모든 근심과 비애(悲哀)를 포함하는 것 등 매우 광범위하게 이해한다. 이런 점에서 배려는 인생의 궁극적 실재다.

다시 말하면, 배려는 삶의 모든 요소에 스며들어 있는 근본적 관계다. 때문에 인생의 전 과정에서 풀어나가야 하는 과제다. 배려는 기본적으로 배려를 '하는 자'와 '받는 자' 사이의 교제나 만남이다. 이는 교육철학적으로 이해하면, 상호관계, 의사소통, 만남, 대화, 자아존중, 공감, 헌신, 협력 등 다양한 삶의 덕목을 드러내야 한다는 일종의 역설이다.

이슬람의 『꾸란』은 곳곳에서 배려의 실천을 요청한다. 『꾸란』의 제17장 「밤 여행의 장」에는 상당히 자세한 배려의 덕목들이 강조되어 있다. 그 인식은 일반적 인간에 대한 정의에서 발원한다.

> "인간은 행복을 빌 때 동일한 기도로 불행을 빈다. 진실로 인간은 침착하지 못한 존재다."(17:11)
> "너에 대한 기록을 읽으라. 오늘 너의 청산은 너 자신으로 충분하다."(17: 14)
> "인도되는 자는 인도되는 일이 자기 자신을 위한 것이다. 방황하는 자는 방황하는 일이 자기에게 불리할 뿐이다. 짐을 진 자는 타인의 짐을 질 이유가 없다."(17:15)

이 몇 마디의 인간 평가는 배려의 가능성을 제기한다. 그것은 신

(神)의 선물이다. 이 신의 선물은 "이쪽에 있는 사람이나 저쪽에 있는 사람이나 모두에게 준다. 신의 선물에는 제한이 없다!"(17:20) 그리하여 이 선물은 배려라는 이름을 통해 현실적 의미를 증폭시킨다.

> "부모님이 노령(老齡)에 이르렀다면, 공손히 모셔라. 결코 부모님에 대해 혀를 차서는 안 된다. 거친 소리를 해서도 안 된다. 정중하게 말하라. 부드러운 연민의 마음으로 겸손의 날개를 펼쳐라. 가까운 친척에게 주어야 할 것은 당연히 내주라. 가난한 자와 여행자에게도 마찬가지다. 단, 낭비해서는 안 된다. 가난을 무서워하여 자식을 죽여서는 안 된다. 간음을 해서는 안 된다. 정당한 이유가 없는 한 사람을 죽여서는 안 된다. 고아의 재산에 손을 대서는 안 된다. 사물을 잴 때 저울의 눈을 속이지 말라. 알지 못하는 사안에 대해 그 뒤를 함부로 따라서는 안 된다. 듣는 귀, 보는 눈, 생각하는 마음, 이 모든 것들에 대해 힐문(詰問)당할 수 있다. 득의양양(得意揚揚)하게 지상(地上)을 걸어 다녀서는 안 된다."(17:23-37)

배려를 향한 이슬람의 요청은 그들의 교육철학으로 직결된다. 그것은 어둠에서 탐색하는 신의 지혜(智慧)이자 은혜(恩惠)다. 세상을 분명하게 보고 깨닫는 명각(明覺)의 덕목이다. 이 배려를 위한 교육적 엄중함은 다음과 같은 한 마디에 각오(覺悟)를 더한다. 현세에서 장님이었던 인간은 내세에서도 여전히 장님이다! 세상을 보는 시각에 장애를 지닌 만큼, 길을 잃어버리는 일이 많으리라!(17:72)

『꾸란』21: 동굴의 메시지, 현세의 장식과 선행

2022. 2. 18. 11:08

『꾸란』의 제18장은 「동혈(洞穴)의 장」이다. 무함마드가 메카에 있을 때의 계시로 전체 110절이다. 동혈은 '넓고 깊은 굴'이다. 구멍이다. 흔히 동굴이라고 한다. 동굴은 다양한 상징을 지니고 있다. 동서양을 대표하는 성인(聖人)인 예수와 공자는 모두 동굴과 유사한 곳에서 탄생했다. 예수는 이스라엘 베들레헴의 어느 마구간에서, 공자는 중국 산동성 곡부(曲阜)의 니구산(尼丘山)에 있는 어느 동굴에서 탄생했다고 전한다. 그런 전설은 고난 속에 성장하는 희망의 메시지를 인류에게 던지며, 의지(意志)를 따라 달려 나가는 소망과 삶의 열망을 북돋우려는 교육철학을 담는다.

『꾸란』의 「동혈의 장」도 그런 지점이 보인다. 동혈은 현실의 환란을 피해 거처할 수 있는 피난처이기도 하고, 미래의 삶을 준비하는 예비의 공간이기도 하다. 『꾸란』은 기록한다.

> "너희들이 그들 및 그들이 알라 신을 제쳐놓고 숭배하고 있는 것과 인연을 끊었다면, 동혈로 피난하라. 그렇게 하면 주께서는 너희들을 위해 자비를 베푼다. 너희들이 일상에서 필요한 생활양식을 준비해 줄 것이다."(18:16)

이슬람 진리의 기준은 '알라 신'이다. 따라서 알라 신의 예언과 계시를 고려하지 않은 모든 존재는 사탄이자 악마다. 때문에 그런 존재와의 절연(絶緣)은 진리로 다가서기 위한 기본 요건이다. 그 다음에 다가오는 것은 알라 신의 자비(慈悲)와 일상 삶의 보장이다. 대부분의 종교가 이런 구조를 지닌다. 그것은 인류의 보편적 이상을 담고 있기 때문이다.

보편성을 띤 이상은 반드시, 이상으로 향하는 길목에 주요한 관념을 끼워 넣는다. 선(善)과 악(惡)이다. 이 대립되는 시소게임에서 진리를 갈망하는 최고의 관념은 '선행(善行)'이다. 선(善)의 실천은 천국(天國)이나 극락(極樂), 또는 복(福)을 가져다주는 최상의 덕목으로 자리 잡는다. 그리고 인류의 윤리로 정착한다. 『주역(周易)』「곤괘(坤卦)·문언(文言)」의 언급이 그런 사실을 명확하게 전달한다. "선을 쌓은 집안은 반드시 후손들에게 남겨지는 경사가 있고, 불선을 쌓은 집안은 반드시 후손들에게 남겨지는 재앙이 있다!(積善之家, 必有餘慶. 積不善之家, 必有餘殃!)

이러한 이상을 지지하는 모든 교육철학도 마찬가지다. 언제 어디서나, 착한 일, 좋은 일, 선을 지향하는 노력에 따라, 훌륭한 성취를 할 수 있으리라는 가정(假定)을 설정한다. 그냥 그런 논리다.

문제는 현세(現世)다. 『꾸란』은 말한다. 현실에서 악으로부터 인간을 구제할 수 있는 유일한 구세주는 알라 신이다. "알라께서는 최고의 보수를 주는 분이다. 최선의 결과를 주는 분이다!"(18:44)

> "모든 사람에게 현세의 생활에서 발생하는 일을 비유로 설명하라. 그것은 우리들이 하늘에서 뿌리는 비와 갈다. 대지의 초목은 그것에 섞이지만, 얼마 후 시들어 바람에 날려버리고 만다. 알라 신께서는 어떤 일이든 진실로 바르게 만들 수 있다.

> 재산과 자식들은 현세의 장식이다. 그러나 선행은 언제까지나 남는다. 주의 곁에서 최고의 보수를 받기 위해 희망을 거는 최상의 것이다. 우리들이 산을 끌어당기는 날, 그대는 대지가 노출되는 것을 볼 수 있다. 그리고 우리들은 사람을 모두 불러 모아, 그 가운데 한 사람도 남겨 두는 일이 없다!"(18: 45-47)

현실은 대지의 초목이 지닌 속성처럼 한계를 갖는다. 세계의 특성이 그러하다. 유한(有限)하다. 영원은 없다! '신(神)의 품!' 그 넉넉하고 원만한 가슴에 안기지 않는 한, 그러하다. 하늘에서 '무한(無限)한 선(善)의 비'가 내려도 현실의 유한한 존재는 그가 받아들일 수 있는 만큼의 세계를 수용할 뿐이다. 그 비 모두를 지속적으로 받아들이고, 영원의 시간을 꿈꾸는 자는 선행(善行)이라는 신의 요청을 전폭적으로 수용해야 한다. 현세의 모든 장식을 끌어안고 선행을 일삼을 때, 최고의 보수가 저 멀리서 손짓한다. 무슬림이 추구한 교육철학적 진수(眞髓)도 여기서 맛볼 수 있다.

그런데, "인간이란 말이 많은 존재다!"(18:54) 이 무서운 한 마디가 '선행'의 문제를 어떻게 처리해야 할지를 성찰하게 이끈다.

> "인도를 받았다. 그런데 무엇이 신앙에 들어가 주님께 용서를 청하는 일에 방해를 놓는가? 옛날 사람들에게 일어난 전례가 자기에게도 일어나거나 징벌이 눈앞에 내리는 것이 틀림없다면 말이다. 우리들이 사도(使徒)를 보낸 것은 단지 복음(福音) 전달자로서, 또 경고자로서 진리를 설파하려는, 허위(虛僞)로, 의론(議論)을 하려고 덤벼든다. 그리고는 내가 내린 증거와 그

들에게 던진 경고를 웃음거리로 여겼다! 주의 증거로 경고를 받으면서도, 이로부터 등을 돌리고, 먼저 자기의 손으로 행한 일을 아주 잊어버리고 만다. 이런 사람보다 더 악한 인간이 있겠는가?"(18: 55-57)

이런 현실적 신앙과 교육을 대비해 보면, 이슬람 교육철학의 관점이 보다 선명하게 드러나 보인다. 무엇이, 교육이 지향하는 열망에 훼방을 놓는가? 교사나 교육학자의 이론을 불신하는가?

『꾸란』22: '탄생-죽음-부활'의 3박자에 녹아내리는 자비

2022. 2. 19. 15:20

인간 사회에서 '주(主)-종(從)'관계는 '주인'과 '부하' 사이를 아울러 지칭하는 말이다. 사물의 경우, 주장이나 중심이 되는 것과 그에 딸린 주변과의 관계를 뜻한다. '주-종'의 관계는 생각하기에 따라 다양한 해석의 여지가 있다. 서양 중세에 유럽의 봉건제는 '주-종'관계를 보여주는 하나의 상징이다. 주군(主君)과 봉신(封臣)은 본래 같은 전사(戰士)였고 신분상 평등했다. 때문에 그들에게 '주-종' 관계는 평등한 사람 사이에 맺는 쌍무적 계약으로 이루어졌다. 그런 관계가 변질되면, 수직적 계급이 발생할 수도 있다. 오늘날 종종 볼 수 있는 '갑(甲)질' 하는 인간과 '을(乙)의 입장'에서 착취당하고 피해를 보는 경우로 전락할 수도 있다. 어떤 상황이건, '주-종' 관계라는 표현을 쓰면, 상당히 부정적 이미지가 강하다.

하지만, 종교적 신념에서 주-종 관계는 그 의미의 차원을 달리한다. 가장 중요한 부분은 관계의 형성 지점이다. 신(神)과 인간의 관계는 인간과 인간의 관계처럼 사회적·물리적 이해관계가 아니다. 마르틴 루터(Martin Luther, 1483~1546)와 쌍벽을 이루는 종교개혁가 칼뱅(Jean Calvin, 1509~1564)은 신과 인간의 관계를 다음과 같이 정돈한다.

> "신은 인간을 위해 존재하는 것이 아니다. 인간이 신을 위해 존재한다. 소수의 사람만이 부름을 받는 경우에도, 신의 위엄을 영광스럽게 하는 목적 달성을 위한 수단일 때만 의미를 갖

> 는다. 신만이 자유롭고, 아무런 법칙에도 종속되지 않는다. 세상의 모든 피조물은 메울 수 없는 심연으로 신과 갈라져 있다. 신이 당신의 위엄을 영광스럽게 하도록 다른 결단을 내리지 않는 한, 영원한 죽음만이 그의 것이다."

이 지점에서 보면 신에게서 인간과 같은 인격성은 찾을 수 없다. 인간의 세계처럼 인지할 수도 없다. 신은 비인격성(非人格性: inhumanity)과 불가지성(不可知性: inscrutability) 자체다.

『꾸란』의 제19장 「마리아의 장」은 '주-종'관계의 의미와 교육철학의 가능성을 고심하게 만든다. 기독교에서는 예수가 주님이자 신앙의 정점에 있다. 이슬람교에서는 상당히 다르게 인식한다. 알라 신의 종(從: servant)으로 등장한다. 그렇다고 일반 사람과 같은 종은 결코 아니다. 마리아의 아들 예수는 다음과 같이 묘사된다.

> "그 아이는 말했다. '저는 알라 신의 종입니다. 알라께서는 저에게 성전(聖典)을 주었습니다. 저를 예언자로 삼았습니다. 제가 어디에 있든 축복받은 자로 하였습니다. 살아있는 동안 예배와 희사를 하도록 제게 명령하였습니다. 또 어머니께 효도하는 아들이 되게 하였습니다. 거만하고 악한 자가 되지 않도록 하였습니다. 제가 태어난 날, 죽는 날, 부활하는 날, 저에게 편안함을 주었습니다.' 이것이 마리아의 아들 예수이고, 모두가 의혹을 품고 있는 일의 진실이다."(19:30-34)

예수는 성전을 품은 존재다. 예언자다. 축복받은 자다. 예배와 희사를 담당한다. 효도의 상징이다. 거만하지 않고 악하지 않은 사람이다.

'탄생-죽음-부활'의 3박자가 평안으로 점철된다. 알라 신이 의미를 부여한 예수는, 현실에서 역동적으로 활동하는 교육철학자의 전형처럼 느껴진다. 물론, 이슬람에서 예수는 예언자로서, 알라 신의 종에 불과하지만 말이다.

성전은 가장 위대하고 포괄적인 교육의 텍스트다. 예언자는 교사다. 축복받은 자는 교육받은 인간이다. 예배와 희사, 효도, 겸손과 선행은 교육의 과정에서 터득하는 덕목이다. 교육의 지향과 목적과 내용의 대강이 여기에 담긴다. 이런 교육의 이유는 신의 비인격성에서 공정함을 확보한다.

> "자비로우신 분은 자손을 두는 일이 없다. 세상에 있는 모든 것은 종이 되어 반드시 자비로우신 분인 주께로 온다. 알라 신께서는 이미 그들의 삶을 헤아려 그 생명의 운수를 세고 있다. 그들은 부활의 날에 제각기 혼자서 알라 신의 곁으로 온다. 주를 믿고 여러 가지 선을 행하는 사람들에게는 자비로우신 분께서 자비를 베푼다."(19:92-96)

자비로우신 분은 자손을 두지 않는다! 아니, 근원적으로 자손이 없다! 자유자재(自由自在)다! 신(神)은 칼뱅의 표현처럼, 자유롭고 어떤 것에도 종속되지 않는다. 오직 영광을 받을 뿐이다. 신의 영광을 위해, 세상 모든 것은 이미, 종으로서 주의 자손을 지향한다. 인격성을 갖춘 사람의 자손이 아니다. 비인격성으로 무장한 신의 자손이다. 그 신의 비인격성은 냉엄하고 냉정한 무심(無心)의 정점에 있다. 하지만 인간의 인격성이 절대적이고 무한한 신뢰를 보일 때, 온유하고 온정 가득한 사랑의 손길로 보듬는다. 이슬람의 자비(慈悲)는 그런 것이다.

『꾸란』23: 마음의 충만을 위한 진리의 찬송

2022. 2. 22. 17:28

『꾸란』의 제20장은 「타·하의 장」이다. 무함마드가 메카에 있을 때의 계시로 모두 135절이다. 그런데 '타(T)'와 '하(H)'라는 신비적인 문자로 시작하는 이 장은 표제어[T·H]가 무슨 의미인지 불분명하다. 내용의 상당수는 '모세'에 관한 사항이다. 아담의 계약 위반, 그 배반의 길도 기록되어 있다. 조용히 훈계하는 예언의 마디마다 교육철학적 지혜를 유도한다.

여러 가지 덕목 가운데 '몸을 깨끗이 갖는 사람'에게 주어지는 보수가 눈에 띈다. 몸을 깨끗이 하는 작업이 교육의 주요 내용이 되어야 한다면 그 보수도 에덴의 낙원일까?

> "여러 가지 선(善)한 일을 하고 신자(信者)로서 곁으로 오는 사람, 이런 사람들에게는 최고의 자리가 있다. 아래에 냇물이 흐르는 에덴의 낙원이 있고, 거기에 영원히 머문다. 이것이 몸을 깨끗이 갖는 사람에 대한 보수다"(20:75-76)

몸을 깨끗이 하는 작업은 한 단어로 말하면 '목욕(沐浴)'이다. 한자 그대로 분석하면, 목욕에서 목(沐)은 머리를 감는 행동이고, 욕(浴)은 몸을 씻는 행위다. 목욕은 개인의 위생에서 종교적 행사에 이르기까지 다양한 이유로 이루어진다. 제사를 지내거나 신성한 의식을 행할 때는 흔히 '목욕재계(沐浴齋戒)'를 한다. 몸을 깨끗이 하고 마음을 가

다듬어 부정을 피하기 위해서다.

교육의 과정이 일상에서 얼룩진 몸을 깨끗하게 씻어내는 작업이라면, 그 보수는 교육의 효과로 이어진다. 이슬람은 강조한다. 그 보수를 기대하기 위해서는 '참고 견뎌라!' 현실에서 묵은 때로 지저분한 말을 정화(淨化)하라. 그래서인지, 『꾸란』 제20장의 마지막 부분은 이렇게 당부한다.

> "그대는 그들의 말을 참고 견디라. 해 뜨기 전과 해 지기 전에 오로지 주(主)를 찬송하라. 또한 한밤에도 찬송하라. 새벽과 일몰, 일을 고민하는 하루의 시작과 끝 지점에서, 당신의 마음은 충만하게 될 것이다. 그들 가운데 어떤 부류의 인간에 대해, 우리가 즐겁게 해주고 있는 현세의 화려함에 눈을 돌리게 해서는 안 된다. 그것으로 그들을 시험하기 때문이다. 주께서 내리시는 양식은 더욱 좋고 또 오래 간다. 가족에게 예배를 명령하고 스스로도 끊임없이 이것을 향하라. 우리들은 그대에게 양식을 구하고 있는 것은 아니다. 그대에게 양식을 주는 것은 우리들이다. 좋은 인과응보는 경건한 사람들을 위해 존재한다. …… 말해 주라. '누구든 기다리고 있다. 그러니 너희들도 기다려라. 반드시 너희들은 누가 평탄한 길을 걷는가, 누가 바르게 인도 되었는지를 알 것이다.'"(20:130-135)

조건이 엄격하다. 해 뜨기 전과 해 지기 전, 그리고 한밤에도 주(主)를 찬송(讚頌)하는 일이다. 찬송은 '미덕을 기리고 칭찬하는 행위'다. 종교에서는 특히, 신(神)의 은혜를 칭송하는 영원의 노래다. 그것은 아침저녁으로 인간에게 마음의 충만을 가져다준다. 현세의 화려함이 아니라, 신의 양식이 마음에 스며든다. 경건한 사람에게 내려지는 인과응보!

주를 찬송하는 작업이 종교적이라면, 그것은 교육에서 달성하려는 교육적 인간상이다. 교육의 이상향이자 진리로 명명할 수 있다. 교육적 이상향을 설정하고, 그 미덕을 기리고 칭찬할 수 있다면, 행복한 인간교육은 쉽게 처리할 수 있다. 하지만 현실은 혁신적으로 꾸며진다. 화려함의 극치를 추구한다. 그 화려함은 교육적 인간상에 혼란을 더한다. 절대 진리의 교육적 기준이기는커녕, 일용할 양식조차도 해체시킨다. 신의 양식은 무의미하고, 경건한 사람에게 부여되는 행운의 응보조차 무색하다.

정말, 교육은 무엇일까? 인간이 평탄한 길을 가는 교두보(橋頭堡)가 될 수 있을까? 사회가 진리의 세계로 나아가도록 인도할 수 있을까?

『꾸란』24: 밀담(密談)을 거두고 마법(魔法)에서 벗어나라

2022. 2. 25. 18:16

인간의 삶에서 예언(預言)은 희망과 절망 사이에서 내던지는 메시지다. 제멋대로의 추측이 난무하는 것만큼 희망과 정말의 변주는 진폭이 크다. 예언은 사전적 정의로 단순하게 이해하면, '앞으로 다가올 일을 미리 알거나 짐작하여 말하는 행위'다. 종교적 의미를 부여하면, '신탁(神託)을 받은 인간이 신으로부터 직접 계시된 진리를 사람들에게 전하는 일'이다. 『꾸란』의 기록은 바로 이런 종교적 차원의 예언을 통해, 무슬림의 진리를 제시한다.

중국을 비롯한 한국과 일본 등, 동아시아 사회에서도 예언과 연관된 기록이 많다. 그 가운데 독보적인 예언서는, 점서(占書)로 잘 알려진 『주역(周易)』이다. 그런데 『주역』에서 말하는 예언은 절대적 신의 계시를 담고 있기보다 자연의 변화와 이치를 고려한 인간의 삶을 노래한다. 나는 그렇게 이해했다. 그러기에 '역(易)'을 지은 이유에 대해, 공자는 다음과 같이 강조했다. 청나라 때 이광지(李光地, 1642~1718)가 편찬한 『주역절중(周易折中)』에 나오는 기록이다.

> "상고(上古) 시대에는 사람 사이에 귀천(貴賤)의 구별이 없었다. 사물도 다양하게 나누어지지 않았다. 음식물이나 의복도 그릇이나 장식물을 사용하여 꾸미는 일이 없었다. 하지만 복희씨(伏義氏)가 등장하면서 달라졌다. 그는 우러러 하늘에서 상(象)을 훑어보고 굽어 땅에서 법(法)을 살펴보며, 그 가운데

사물이 펼쳐져 있는 양식을 두루 보았다. 그 후, 처음으로 팔괘(八卦)를 그려 하늘과 땅의 신령이 갖춘 본성에 통하고, 모든 사물의 실제 정황을 분류했다.
그렇게 역(易)은 하늘과 땅을 계승하여 인륜을 다스리고 왕도를 밝히는 데 기여했다. 팔괘를 그리고, 오행(五行)의 기(氣)를 세워, 오상(五常)의 실천을 정립했다. 건곤(乾坤)을 본받고 음양을 따라, 군신(君臣)·부자(父子)·부부(夫婦)의 의미를 바로잡았다. 때를 헤아려 적절한 조치를 취하고, 그물을 만들어 사냥하며 고기를 잡아 사람들의 생활을 넉넉하게 했다. 그만큼 사람들이 다스려졌고, 군주와 부모는 존중하고 신하와 자식은 순종하여 여러 생명이 화합하고 각각 그 본성을 편안하게 했다."

이는 『주역』이 단순한 신탁의 노래나 예언서를 넘어, 인간사회를 지도하는 '가르침'의 철학임을 지시한다. 교육철학적 특성이 강하다는 의미다. 여기에서 힌트를 얻었다. 『꾸란』의 21장 「예언의 장」을 읽다가, 도대체, 너무나 독해하기가 힘들었다. 그래서 내가 아는 지식의 수준에서, 범주에 맞지 않을 수도 있는 『주역』을 끌어왔다. 사고의 차이가 전혀 달라, 유학에서 가장 경계하는 '엽등(躐等)'인지도 모르겠다. '엽등'은 어떤 일을 하거나 학문을 할 때, 차례대로 단계를 밟지 않고 등급을 훌쩍 뛰어 넘어간다는 말이다. 그것은 순서대로 정해진 규정이나 법도, 과정을 제대로 따르지 않고, 제멋대로 날뛰는, 교육에서는 금기사항이다.

허나, 오류가 발생한다고 할지라도, 이슬람에서 강조하는 '예언'의 의미가 교육적 성격을 지니고 있으리라는 예측을 하며, 동아시아 『주역』의 시선에서 거꾸로 의미부여를 해보려고 한다.

『꾸란』의 제21장 「예언의 장」은 무함마드가 메카에 있을 때 계시한 전체 112절의 기록이다. 그 시작은 다음과 같다.

> "사람들이 등을 돌리고 무관심(無關心)하고 있는 사이에, 결산의 시기는 다가온다. 주(主)께서 새로운 훈계가 내려질 때마다 그들은 언제나 장난삼아서 들을 뿐이다. 속으로 무시하면서, 또 무법(無法)을 행하는 자들은 밀담(密談)을 한다. 이것은 너희들과 같은 보통 인간이 아닌가? 너희들은 눈으로 보면서도 마법(魔法)에 걸려 있는가?"(21:1-3)

나는 생각한다. 교육은 예언과 유사한, '예측 가능한 삶의 지혜'를 불어 넣는 작업이라고! 교육을 충실히 받은 인간일수록, 예언이나 예측의 기능을, 그렇지 못한 인간에 비해 높은 수준에서 발휘할 것이라고! 그런 점에서 교육은 진지한 예측, 진솔한 예언자를 양성하는 수단이어야 하지 않는가? 그 예언자가 현명한 교사로 자리매김 되어야 하지 않을까?

『꾸란』의 21장 「예언의 장」을 보아도 그런 조짐이 묻어난다. 세상과 삶에 '무관심(無關心)'하고, 사람의 말을 '장난삼아 듣는', '무법(無法)을 행하는 자'들은 어리석은 현실 존재다. 예언자의 활동이나 신의 훈계는 분명 그들을 향해 있다. 남몰래 숨어서 지껄이는 밀담(密談)을 통해 존재를 과시하고, 뻔히 보고 있으면서도 세상의 진실을 파악하지 못하고 거짓의 세계로 빠져 들어간다. 그렇게 어리석음의 마법(魔法)에 걸린 존재를 구제(救濟)하는 작업이 교육이 아닐까? 마법에서 벗어나도록 구원(救援)하는 행동이 교육이 아닐까? 그 마법은 맹자(孟子)가 말한 '방심(放心)'과도 상통한다. 그러기에 맹자도 교육의 길을

'구방심(求放心)'으로 노래했다. 풀어 헤쳐진 마음을 꾸짖으며 바로 잡아라!

『꾸란』25: 마음의 장님에 머무를 텐가!

2022. 2. 28. 18:29

『꾸란』의 제22장은 「순례의 장」이다. 무함마드가 메카에 있을 때의 계시로 모두 78절이다.

순례(巡禮)는 인간의 삶을 경건하게 다듬는 계기로 작용한다. 기독교나 불교, 유교나 이슬람 등 종교의 발생지나 본산(本山)의 소재지, 성인의 무덤이나 거주지와 같이 의미가 있는 곳을 찾아다니는 자체가 마음이 머무를 곳을 지시한다. 특히, 성지(聖地) 순례는 방문 목적이 뚜렷하다. 아득히 먼 곳 같으나 마음은 이미 그곳을 담았고, 범접하기 힘든 곳 같으나 몸은 이미 그곳에 머문다.

「순례의 장」은 순례의 특성을 한 손에 쥐고, 다른 한 손에는 이슬람의 교육철학을 잡고 있는 듯하다. 아래 세 구절을 통해, 교육의 길을 탐색해 본다. 『꾸란』에서 기록한 알라 신은 생각할 필요도 없이 진리의 기준이다. 세상의 거짓을 바로 잡는 '참'의 표본이다. '정의' 그 자체다. 그러면 교육의 지향이나 전망도 생각할 필요 없이 바로 보인다.

> "사람들 가운데는 지식도 없고, 인도해 주지도 않고, 또 계몽할 책도 없는데, 알라 신에 대해 말한다."(22:8)

세상 누구인들, 진정한 지식이 있겠는가? 세상 어떤 사람인들, 자신이 바라는 사안을 그대로 실천할 수 있도록 인도 되겠는가? 세상 인간인들, 계몽을 할 만한 책을 접할 수 있겠는가? 그러나 진리와 참, 정의에 조금이라도 다가서려는 열정(熱情)을 가질 수는 있다. 그 열정이 교육의 세계를 소환한다. 허나, 인간이 욕망하는 교육의 세계는 지상(地上)을 배회(徘徊)한다.

> "그들은 이곳저곳 지상을 여행한 적이 없는가. 그러면 깨닫는 마음도 듣는 귀도 준비되었을 것인데. 진실로 눈이 멀어서가 아니고, 가슴 속의 마음이 장님인 것이다."(22:46)

상당수의 인간은 지상의 세계를 여행하지 않는다. 자신이 지상에 머물며 생(生)을 영위하고 있으나, 그것조차 의식하지 못한다. '인간'이라는 존재가 그러하다. 어쩌면 인간은 너무나 한심(閑心)하고, 무의미하고, 무기력한, 세상에 멍청하게 거주하는, 군상(群像)의 물질적 집합체다. 그 이유는 간단하다! 『꾸란』의 진단처럼, 가슴 속이 꽉 막힌, '마음이 장님'이기 때문이다. 동서고금을 막론하고, 수많은 지성이 '닫힌 마음의 문을 개방하라!'고 호소하지만, 인간 군상은 다양한 양상으로 폐쇄에 폐쇄를 거듭하며, 마음의 빗장을 겹겹이 잠그고 만다. 이미 준비되어 있던 깨닫는 마음도 접고, 들을 귀도 막은 채 말이다.

그럼에도 불구하고, 알라 신은 인간 군상에게 기회의 땅을 제공한다. 순례의 의미를 찾을 수 있도록 배려한다. 그 가능성은 귀의자(歸依者)이자 보호자(保護者)를 자임하는, 생명을 확보해 나가는 교육 가운데서다.

> "알라 신을 위해 힘껏 싸워라. 알라 신께서는 그대들을 선택하였고, 이 속에서도 그대들에 어떠한 곤란도 주지 않았다. 즉

그대들의 아버지인 아브라함의 종교 속에서다. 알라 신께서는 예나 지금이나 그대들을 귀의자(歸依者)라 부른다. 사도가 그대들 신의 증인이 되고, 또 그대들이 다른 사람들의 증인이 되기 위해서다. 그러므로 예배를 지키며 희사(喜捨)를 하고 알라 신을 따르라. 알라 신은 그대들의 보호자(保護者)이다. 얼마나 좋은 보호자인가, 얼마나 훌륭한 원조자(援助者)인가!"(22:78)

순례는 신을 향한 종교적 탐구다. 순례는 7세기 기독교세계에 기원을 둔 신앙적 순회여행이다. 이런 순회여행은 12-13세기에 최고조에 달했다. 그것은 영원한 삶을 위한 큰 투자였다. 그런 만큼 순례는 순례자 자신의 생활환경뿐만 아니라 그들 공동체의 종교, 정치, 경제, 상황에도 큰 영향을 미친다. 알라 신을 향한 영생의 투자! 그 귀의(歸依)의 희사(喜捨)가 순례의 의미를 새롭게 비춘다.

3월

Spring Afternoon Landscape
Charles Henry Hayden(American, 1856-1901)

『꾸란』26: 낙원을 상속받는 존재가 될 수 있을까?

2022. 3. 1. 15:15

종교(宗教)에서 믿음은 신(神)을 향한 절대 의존이다. 교리(敎理)는 절대 진리다. 그리하여 믿는 사람, 즉 신자(信者)는 신을 영광스럽게 만드는 동시에 신의 은총을 받으며 구원을 얻는다. 신앙(信仰)의 논리는 너무나 단순하다. 기독교의 하나님이나 예수, 이슬람교의 알라나 무함마드, 불교의 석가모니와 같은 신이나 신적 존재, 다시 말해 종교가 추구하는 신앙의 대상을 믿으면, 천국(天國)이나 낙원(樂園), 또는 극락(極樂)에서 영생(永生)을 보장받는다.

'믿어라!' 이 한 마디는 종교의 모든 것을 상징적으로 일러준다. 때문에 '믿는 자'와 '믿지 않는 자' 사이에는, 종교적 차원의 어떤 논쟁이나 논리적 사유도 필요하지 않다. 믿으면 구원이요 천국이다. 믿지 않으면 혼란이요 지옥이다.

그러나 유신론자에게는 신의 존재가 의미심장하지만, 무신론자에게 신이라는 존재는 사고의 범주 바깥에 자리한다. 교육은 무신론과 유신론 사이에서 무엇이어야 할까? 너무나 어려운 문제다.

민주 시민사회의 교육은 특정한 종교로부터 벗어나 객관적이고 과학적인 지식을 대상으로 하는 것이 원칙이다. 하지만 종교나 종교성을 가미한 교육의 경우, 종교적 특성을 수반하지 않을 수 없다. 어떤 학교는 종교적 이념에 따라 설립되기도 하고, 인간이라는 실존의 특성은 삶의 과정에서 종교성을 띠게 마련이다. 여기에 개입하는 종교적 믿음을 교육에서는 어떤 방식으로 처리해야 할까?

『꾸란』의 제23장은 「믿는 사람들의 장」이다. 그 첫 머리에, 아주 짧지만, 종교 전체의 구조를 보여주는 것 같은 언표가 교육철학적 시선을 사로잡는다. 종교를 교육으로 환언하고, 믿는 사람들을 교육받는 인간으로 설정하면, 이슬람이 추구하는 교육의 과정을 보다 구체적으로 추측할 수 있다. 특히, 교육의 과정에 등장하는, 예배를 비롯한 생활양식은 교육의 질서를 체계적으로 정돈해 보인다.

> "믿는 사람들은 번영한다. 이들은 예배에 임하여 겸허하다. 쓸데없는 말을 하지 않는다. 희사를 한다. 자기의 감춘 곳을 지키며, 자기 아내나 오른 손이 소유하고 있는 것은 별도로 아무 잘못이 없다. 이것 이상으로 탐내는 자는 도를 넘는다. 또한 맡은 것이나 약속을 지킨다. 예배를 빠지지 않고 본다. 이런 사람들이야말로 진실한 상속인이다. 낙원을 상속하고 그곳에 영원히 정주한다."(23:1-11)

이는 마치 유학에서 『중용』 1장의 세 구절을 연상하게 만든다. "천명지위성(天命之謂性), 솔성지위도(率性之謂道), 수도지위교(修道之謂教)!(자연이 부여한 목숨을 본성이라 한다. 그 본성을 따라 생활하는 것을 인간의 길이라 한다. 인간의 길을 더욱 품위 있게 질적으로 성장시켜 나가는 것을 문화라고 한다!)"

'천명(天命)-성(性)-도(道)-교(教)'로 이어지는, 거대하면서도 간략한 저 일상의 세계는 삶을 체계화 한다. 이슬람의 열망도 이런 메시지를 던진다. 내용이 동일하지는 않으나, 일상을 구조화하는 차원에서는 유사한 논리가 엿보인다.

『꾸란』은 기록했다. '믿는 사람들은 번영한다!' 믿는 사람을 교육받는 사람으로 이해하고, 이 논리를 따라가면, 교육받는 사람은 '인생이 번창한다.' 또한 예배를 교육의 마당으로 치환한다면, 교육에 임하는 자세는 겸허(謙虛)해야 한다. 쓸데없는 말보다는 쓸모 있는 말로 교육의 내용을 알차게 만들어야 한다. 희사를 하고 배려를 하며, 약속을 지켜야 한다. 이들이 신의 상속자이고, 상속받은 낙원에서 영원히 머무른다. 이런 논리 가운데 교육의 효과를 유추할 수 있다.

이 무슬림의 신앙을 교육철학으로 재구성하면, 아주 평범하다. 특별히 강요하거나 조직하거나 엄중하게 처리할 사안이 드러나지 않는다. 교육의 과정은 '겸허'의 자세를 요청한다. 잘난 체하지 말고 겸손하게 처신하라는 주문이다. 조금 알았다고 우쭐대지 말고, 자신을 낮추어라. 언제나 아는 것이 부족한 듯한, 부끄러움을 지녀라. 지식은 자랑의 대상이 아니다. 겸허를 인도하는 존재다.

교육의 과정은 쓸데없는 말로 소모하기를 원하지 않는다. 반드시 필요한 말을 적시에 짜 맞추어 나갈 수 있는 혜안(慧眼)을 길러라. 그 지혜의 시선과 안목에서 희사의 중요성이 선명하게 보인다. 희사는 암묵적으로 제공된 인간의 의무다. 그 약속 이행을 배우는 작업이 교육이다. 인간에게 베풀어져야 하는 약속의 목적과 내용과 방법을 얼마나 터득하느냐가 교육의 관건(關鍵)이다. 그 빗장을 풀고 자물쇠를 열었을 때, 인간은 지식 또는 지성의 상속자가 된다. 지성의 발동이 삶의 낙원을 유도한다. 이 지상 낙원에서 영원히 정주하느냐의 여부는 인간의 교육적 노력에 맡겨진다.

『꾸란』27: 뜻하는 자에 대한 축복

2022. 3. 5. 15:11

『꾸란』의 제24장은 「빛의 장」이다. 무함마드가 메디나에 있을 때의 계시로 모두 64절이다. '빛'은 긍정의 상징이다. 희망이다. 과학적 언표로 정돈하면, 비물질적 물질로 다른 모든 물질을 드러나게 만든다. 이 '드러나게 만든다!'라는 역할이 중요하다. 물론, 물질이 드러나 보이는 것, 물체로서 윤곽을 얻는 것은, 단지 빛 자체의 활동은 아니다. 물질에 내재한 '어둠의 계기'에 의해 빛이 한정된 데서 온다.

그런데 빛은 '비물질적 물질'이라고 했다. 일반적 물질과는 상당히 다르다는 말이다. 보통의 물질이 무게를 지니고 있다면, 빛은 절대적으로 가볍다. 어쩌면 무게라는 말을 붙일 필요가 없는 가벼움이다. 보통의 물질 운동은 여러 요인이 고려된 속도가 존재한다. 그러나 빛은 어떤 물질의 속도와도 비교할 수 없이 절대적으로 빠르다. 일반 물질들처럼 어떤 영역에 치우치지도 않고 쪼갤 수도 없다. 무게를 지니지 않기 때문에 '중력(重力)'에서 해방된 관념이다. 스스로 존재 근거를 지니는 '자기 내 존재'다. 그러기에 빛은 시간과 공간이라는 인간의 인식 세계에서 측정할 수 없다.

과학적 구명을 넘어서면, 빛은 교육의 역할이나 목적과 직결되는 개념이다. 모든 물질을 드러나게 한다는 점에서 그러하다. 빛은 '비물질'적이기 때문에 모든 물질을 차별 없이 비추어 드러낸다. 다른 존재를 분명하게 드러내면서도 빛은 늘 자기 자신일 뿐이다. 이 지점에서 이슬람 교육의 빛을 고민해 본다.

"알라 신께서는 하늘과 땅의 빛이다. 이 빛은, 비유한다면, 등잔 속의 불과 같다. 등불은 유리 속에 있다. 유리는 번쩍이는 별과 같다. …… 알라 신께서는 뜻하는 대로 사람들을 그 빛으로 인도한다. …… 그들이 행한 최선의 일에 알라께서는 보답한다. 또한 은혜를 보탠다. 알라께서는 뜻하는 사람에게 계산 없이 축복을 준다. 믿음이 없는 자의 행동은 광야의 신기루(蜃氣樓)와 같다. 목마른 자가 물이라 생각하고, 그곳에 오면 아무 것도 찾을 수 없다. 알라 신을 그곳에서 본다. 알라 신께서는 그가 한 바에 따라 계산을 한다. 믿음이 없는 자의 행동은 바다 속의 암흑과 같다. 파도가 그 위를 덮고 그 위에 또 파도, 또 그 위에는 구름이 덮여 암흑이 겹친다. 손을 내밀어도 거의 그것을 볼 수 없다. 알라 신께서 빛을 주지 않는 자에게는 어떠한 곳에도 빛이 없다."(24: 35-40)

알라 신이 빛을 내리는 조건이 엄중하다. 그것은 '뜻하는 사람'과 직결된다. '뜻하지 않는 자'는 어떤 보답도 은혜도 축복도 기대할 수 없다. 교육에서 '뜻하는 사람'은 열정 가득한 '입지(立志)'에 충실한 존재다. 어떤 목적이나 목표를 신중하게 설정하고 자신을 가꾸려는 기획은 삶에 빛을 던진다. 인생의 뜻을 세우는 일, 그것은 교육의 첫 단추다. 그래서 상당수의 사상가들은 '뜻하는 일'에 관한 잠언(箴言)을 진지하게 제공한다.

무함마드를 통해 던지는 알라 신의 계시는, 뜻하는 인간에 대한 희망이다. 그것이 빛으로 상징된다. 뜻을 세워 교육을 진행해가건, 교육을 통해 뜻을 세우건, 인생의 뜻을 세우지 않는 자, 종교적으로 볼 때 믿음이 없는 존재는 광야에 펼쳐지는 신기루처럼, 사라질 숙명을 안고 허무의 세계를 맴돈다. 저 심연(深淵)의 바다 속을 헤매며 암흑을 더욱 질게 칠한다. 그러기에 교육은 빛으로 인도받기 위한 의지(意志)의 반향(反響)이다. 그 깨달음의 질주(疾走)는 교육의 기능 내부에 숨쉬고 있다.

『꾸란』28: 존재의 정리와 질서 부여

2022. 3. 5. 16:48

‘천계(天啓)’는 천지신명(天地神明)의 계시(啓示)다. 종교적으로 이해하면, 절대신(絶對神)이 강요하는 우주적 메시지다. 자연의 조화(造化)를 맡은 신령(神靈)이 질서에 따라 인간의 세계를 구축한다. 선악(善惡)과 정사(正邪)를 뚜렷하게 구분하며 사회규범을 짜나간다. 하지만 그 천지신명은 정작, 아무 것도 소유하지도, 행동하지도, 않는다. 창조주(創造主) 자체로 위풍당당(威風堂堂)하다. 창조주라는 사실만으로도 모든 존재의 근거다. 『꾸란』의 제25장 「천계(天啓)의 장」은 그 교육적 근거를 분명하게 제시한다.

> “하늘과 땅의 주권(主權)은 알라 신에게 속한다. 그분은 자식을 둔 일도 없다. 그 주권을 함께 할 동반자도 없다. 모든 것을 창조하고, 이를 정리하며 질서를 주신 분이다.”(25: 2)

알라 신을 교육의 절대 근거로 환언한다면, 무슬림의 교육은 어떤 정해진 영역도 없다. 단지, 하늘과 땅과 같은 원초적 존재로부터, 인생을 찾아나가야 한다.

세상에는 그냥 하늘과 땅으로 상징되는 근원이 있다. 세계가 자리잡고 인간이 자리 잡아 나간다. 거기에 교육이 적극적으로 개입할 뿐이다. 자식이나 동반자가 있어, 원하는 방향대로 길러나가는 것도 아니다. 교육은 그저, 창조된 모든 존재를 향해 정리(整理)하고 질서(秩

序)를 부여하는 작업이다.

하지만 창조의 목적은 뚜렷하다. "반성하고 싶은 자, 또 감사의 마음을 가진 자를 위해 밤과 낮을 창조한다."(25:62) 그리고는 삶의 덕목으로 구체적인 지침을 선보인다. 그것은 매우 윤리적이고 진지한 생활을 요청한다.

> "돈을 쓸 때는 낭비하지 않고, 또 인색하지 않은 가운데 서야 한다. ...... 생명을 빼앗지 않고 간음을 하지 않아야 한다. ...... 회개하고 좋은 일을 행해야 한다. ...... 거짓 증언을 하지 않아야 한다. 농담하는 사람의 옆을 지날 때도 품위를 지켜야 한다. 나아가 귀머거리나 소경처럼 한 귀로만 듣거나 흘리지 않아야 한다. 마음을 따뜻이 할 수 있는 경건한 사람들의 모범이 되도록 기도해야 한다."(25: 67-74).

다시 요약하면, 아래와 같은 도덕적 희망을 담는다. 사치하거나 낭비하지 말라. 인색하거나 구두쇠 같은 행동을 하지 말라. 베푸는 마음을 체득하라. 생명을 존중하라. 도리에 어긋나지 않게 행위하라. 거짓을 물리치고 품위를 고민하라. 경건한 인생을 꿈꿔라!

이런 교육의 결과, 주어지는 보상은 인생 최고의 장소다. 환영의 말이다. 안녕의 인사다. 지상낙원에 영원히 머무르는 권리다.

『꾸란』29: 교육의 경고자(警告者)

2022. 3. 7. 16:32

『꾸란』 제26장 「시인의 장」은 무함마드가 메카에 있을 때의 계시로 전체 227절이다. 매 절마다 아주 짧은 문장으로 구성되어 있다. 짧은 문장인 만큼, 마음에 와닿는 몇몇 구절을 선별하여 교육철학적 독해의 걸옷을 입혀본다.

① "신(神)으로부터 새로운 교훈이 내릴 때마다 그들은 등을 돌렸다."(26:5); 올바른 진리를 교육의 목적과 내용과 방법으로 적용할 때마다, 교육에 참여하는 존재들은, 잘 받아들이려고 하지 않았다. 받아들이려고 하지 않는 만큼, 교육적 성장을 기대하기는 어렵다.

② "올바른 마음을 가지고 알라 신에게 다가오는 사람은 다르다. 하지만 낙원(樂園)은 알라 신을 공경하는 사람에게 가까이 다가온다."(26: 89-90); 정의를 품고 교육에 임하는 사람은 교육의 수준이 남다르다. 교육받은 사람의 행복한 삶은 교육적 진리를 존중하는 사람에게 구현될 가능성이 높다.

③ "인간의 삶을 헤아리는 존재는 주님 이외에 없다. 너희들이 깨닫는다면, 나는 믿는 사람들을 쫓지는 않는다. 나는 분명한 경고자(警告者)다."(26:113-115); 교육적 진리의 세계를 파악하고 장악한 사람은 인생의 진정한 의미를 고려한다. 진실한 삶은 보편성과 특수성 사이에서 사람들이 신뢰할 만한 내용을

갖는다. 그 내용이 상식적 수준을 지속하지 못할 때, 충고(忠告)가 더해진다. 교육은 이런 충고를 받아들이는 자세를 확립하도록 격려하고 고무한다.

④ "알라 신을 공경하고 나를 따르라. 나는 그것에 대한 보수(報酬)를 너희에게 요구하지 않는다. 나의 보수는 다름 아닌 만유(萬有)의 주(主)께서 주는 것이다."(26:109); 교육의 세계에서 다뤄진 어떠한 사안도 특정한 인간에게 보수를 바라지 않는다. 그 교육의 세계가 인간의 삶에서 구현되는 것만이 유일한 보수이자 보답이다. 교육은 보수를 바라는 것은 아니다. 그런 기대보다는 교육이 개인과 사회적 삶에 스며들 때, 그 자체가 은총이다. 굳이 보수라고 따져 든다면, 개인과 사회가 건전하게 성장하는, 교육의 효과가 그것이다.

⑤ "너는 마술(魔術)에 걸려 있다!"(26:185); 마술은 인간의 마음을 호리는 오묘한 술수다. 사람의 눈을 속이는 기술이다. 마음을 흐리게 만드는 술법이다. 몸에 독성(毒性)이 퍼져 의식이 희미한 상태다. 걸려들면 빠져나오기 어렵다. 교육받지 못한 인생의 상당수는 마술에 걸려 있다. 그러기에 교육은 마술에 걸린 인생을 풀어내는, '속임수의 해독(解毒)작용'이다. 교육받은 사람은 마술에 걸려들지 않는다. 그것이 세속적 구원(救援)이다.

⑥ "주어진 향락(享樂)이 대체 그들에게 무슨 소용이 되었겠는가? 경고하는 사람을 보내지 않으면, 향락에 빠진 어떠한 도시도 멸망하지 않는다. 가르침을 주기 위해, 우리들은 결코 부당한 일은 하지 않는다."(26:207-209); 교육받은 인간은 삶의 낙

원을 나름대로 찾아간다. 저질(低質)과 천박(淺薄)으로 점철된 향락에 빠지지 않는다. 의미 가득한 기쁨과 즐거움을 누린다. 향락에 빠진 존재는 어떤 충고도 제대로 받아들이지 않는다. 향락의 즐거움은 마약(痲藥) 중독의 황홀경(恍惚境)을 불러오므로, 그 이외의 사태를 부정하고 거부한다. 그 세계에서만은 천국을 맛보는 듯, 악(惡)의 구렁텅이에 빠진다. 지옥에서 헤매면서도 천국이라고 착각한다. 이런 상황에서 던지는 충고는, 그들에게 너무나 쓰다. 교육이 개입하기에는 너무나 힘들다. 교육의 음성이 녹아들 여지가 거의 없다. 단지, 향락이 부당할 수 있다는 메시지가 메아리처럼 맴돌아, 경고자의 한탄으로라도 나부낀다면, 삶의 의미가 살아날 수 있다.

⑦ "길 잃고 헤매는 자들은 시인(詩人)들의 뒤를 따른다. 그대는 그들이 모든 골짜기에서 헤매고 있는 꼴을 보지 못했는가? 자기가 실행하지도 않은 일에 대해 입에 담는 것을. 그러나 믿고 모든 선을 행하며, 언제나 알라 신의 이름을 찬송하고, 박해(迫害)가 가해진 후에도 스스로를 구하는 사람은 예외다. 의롭지 못한 일을 행하는 자는 어떠한 운명의 변화가 생기고, 언젠가는 알게 될 것이다."(26:224-227); '길을 잃고 헤매는 자들은 시인들의 뒤를 따른다!'라고 했다. 여기서 시인에 대한 오해는 없어야 한다. 『꾸란』은, 여기서 언급한 '시인'을 '악령(惡靈)으로부터 영감 받는 존재'로 묘사한다. 악령이 무엇이던가? 원한(怨恨)을 품고 사람에게 재앙(災殃)을 내리는, 죽은 사람의 영혼이다. '원통함에 응어리진 마음', '불행의 씨앗'과 같은 부정적 이미지의 화신이다. 그들은 어떤 현실을 마주하더라도 불평과 불만으로 가득하다. 그 불평과 불만은 불안을 요청하고, 그 불안은 헤매는 군상(群像)을 양산한다. 심한 경우

에는 모함(謀陷)으로 이어진다. 하지도 않은 일을 입에 담는, 뒤통수 때리는 배신(背信)의 시절을 촉구하고 배반(背叛)의 계절을 몰고 온다. 그 부정(不正)의 세월은 운명(運命)을 바꾼다. 교육에 임한 시간에 비해 교육받은 사람으로 거듭나지 못하면, 그 사실을 인식했을 때는, 이미 늦다. 그러기에 교육은 궁극적으로, '진리를 믿고 선(善)을 행하라!'라는 선언으로 귀착한다.

『꾸란』30: 교육의 귀의자(歸依者)

2022. 3. 8. 10:43

『꾸란』 제27장은 「개미의 장」이다. 무함마드가 메카에 있을 때의 계시로 전체 93절이다. 27장은 앞부분에서 다음과 같이 강조한다.

> "이는 분명한 하늘의 계시다. 믿는 사람들을 위한 인도(引導)이자 복음(福音)이다. 예배(禮拜)를 지키고, 희사(喜捨)를 하고, 내세(來世)를 굳게 믿는 사람들을 위한 기록이다."(27:2-3)

무슬림을 위한 종교적 요소를 탈색(脫色)하면, 이 장은 교육의 핵심 지향들이 상당히 구체적으로 보인다. '인도(引導)'에서 '귀의자(歸依者)', 그리고 '경고자(警告者)'에 이르기까지, 교육의 과정에서 인간 스스로의 역할과 기능이 진지하게 드러난다. 이 기록의 가치는 이후에 등장하는 구절에서 더욱 생생하게 움직인다.

> "참으로 이 성전을 믿는 사람들을 위한 인도(引導)이며 자비(慈悲)다. 그대의 주(主)는 그 예지(叡智)에 따라 그들 사이를 판결(判決)해 주신 분이다. 참으로 전지전능(全知全能)하신 분이다. 그러므로 알라 신께 모든 것을 맡겨라. 그대는 확실히 분명한 진리(眞理) 위에 있다. 죽은 자와 같은 존재에게는 아무리 말해도 복음(福音)의 소리를 들려 줄 수 없다. 또 등을 돌리고 도망하는 귀머거리에게도 복음을 들려 줄 수 없다. 마찬가지로 장님을 잘못으로부터 구할 수는 없다. 그러나 그대

는 우리들의 증거를 믿는 사람, 이른 바 귀의자(歸依者)에게는 그 복음의 소리를 듣게 할 수 있다."(27: 77-81)

위의 기록에서 한자를 병기한 단어들을 다시 나열해 본다. '인도(引導)'와 '자비(慈悲)', '예지(叡智)'와 '판결(判決)', '진리(眞理)'와 '복음(福音)', 그리고 '귀의자(歸依者)!'

이 무엇을 상징할까? 사전적 의미로 간략히 살펴보더라도, '인도'는 가르쳐 이끄는 작업이다. '자비'는 사람을 사랑하고 가엾게 여기는 일이다. '예지'는 세상 이치를 꿰뚫어보는 지혜다. '판결'은 옳고 그름이나 선하고 악한 일을 판단하여 결정하는 행위다.

'인도-자비-예지-판결'이라는 네 가지 조목은 교육의 기반을 장식한다. 어쩌면 그 자체가 교육의 다른 이름이다. 사람을 인도하고 자비를 베풀고, 세상을 파악하고 판단 능력은 삶에 활력을 불어 넣는다. 교육이라는 이름의 '인생 기관차(人生 機關車)'에 인간 생활의 역동성을 가득 싣는다. 그것은 사회를 가꾸어갈 진리를 빚어내고, 기쁜 소식이 되어 세상에 울려 퍼진다. 다름 아닌, 세계를 지속하는 복음이다.

교육은 복음의 소리를 들을 수 있는 존재의 일깨움이다. 죽은 자처럼 움직이지 않고, 귀머거리처럼 보지 않고, 장님처럼 보지 않으려는 인간에 대한 질타(叱咤)다. 살아 있는 사람처럼 활발하고, 귀 기울여 경청하고, 눈을 크게 뜨고 관찰한다. 역동적으로 움직이고 경청하고 관찰하는, 그런 태도를 함양하는 인간의 자기 구제 장치다. 그것은 교육을 신뢰하는, 교육에 귀의하는 사람만이 체득할 수 있다. '활발(活潑)-경청(傾聽)-관찰(觀察)'의 자세로 탐구하는 학습자는 세상을 향해 열려있다. 그래서 교육은 기쁜 소식을 적극적으로 포옹하며, 궁극적으로 복음을 쏟아낸다. 그것이 좋은 일의 단초다.

> “좋은 일을 가지고 온 사람은 그 이상의 가치를 얻는다. 그들은 공포로부터 안전하다. 나쁜 일을 가지고 온 자는 그 얼굴부터 지옥의 불 속에 들어가게 된다. 그런데도 너희들은 너희들이 저지른 일과는 별도로 보답을 받는다고 말하는가? 나는 이 도시를 신성하게 만들어 주신 도시의 주(主)를 숭배하도록 명령받고 있다. 모든 사안은 주의 것이다. 나는 귀의자의 한 사람이 되도록 명령받고 있다. 인도되는 사람은 오직 자기를 위해 인도된다. 길을 잃고 헤매는 자는 자기가 한 일 때문에 길을 잃고 헤맨다. 말하라! ‘나는 다만 경고자(警告者)에 지나지 않는다!’”(27: 89-92)

교육을 통해 성취한 복음은 좋은 일의 성장판(成長板: growth plate)이다. 성장판을 따라 좋은 일은 또 다른 좋은 일을 낳는다. 좋은 일의 끊임없는 재생산! 그 낳음을 거듭할수록, 교육으로 창출되는 선(善)은 복리(複利)처럼 불어난다. 낳고 또 낳는 거룩한 ‘생생(生生)’의 공작소가 된다. 이 선을 생산하는 주체는 자신이다. 인간은 자신을 스스로 인도한다. 단, 조건이 있다. 교육에 귀의한 인간에 한해서다. 자기를 잃고 헤매는 존재는 자포자기(自暴自棄)의 대지에서 움찔거릴 뿐이다. 그들에게는 강력한 경고의 메시지가 불호령처럼 떨어진다. 그것은 교육이 맡은, 매우 장기적인, 험난한 임무다.

『꾸란』31: 행복을 이끄는 조건, 거만(倨慢) 경계

2022. 3. 9. 9:49

『꾸란』 제28장은 「이야기의 장」이다. 무함마드가 메카에 있을 때의 계시로 전체 88절이다. 기록의 대부분은 '파라오(Pharaoh)'와 '모세(Moses)'에 관한 내용이다. 파라오는 '악역무도(惡逆無道)한 무리'로 등장한다. 모세는 '사람을 죽이고 스스로 옳지 못한 일을 저질렀다!'라고 고백하며, 기도를 통해 용서를 구했다. 알라 신은 자애로운 분이라 그를 용서하였다.

마지막 부분에 모세의 백성 가운데 한 사람인 코라(Core)에 관한 이야기가 등장한다. 대화 가운데 교육적으로 고려할만한 윤리적 장치가 보인다. 권선징악(勸善懲惡)과 인과응보(因果應報)처럼 느껴지는, 어쩌면 당위적 윤리처럼 보이지만, 내세의 거처를 구하는 자세에서, 잘난 체하고 남을 업신여기는 '거만(倨慢)'함에 대한 경계가 눈길을 끈다.

> "'거만을 부리지 마라. 알라 신께서는 거만한 자를 사랑하지 않는다. 알라 신께서 너에게 준 것을 가지고 내세의 거처를 구하라. 또 현세에서도 너의 몫을 잃어버리지 마라. 알라 신께서 너에게 잘해 준 것처럼 너희들도 잘하라. 이 땅에서 악한 일을 찾지 말라. 알라 신께서는 악한 일을 하는 자를 결코 사랑하지 않는다!'라고 말씀하셨을 때, 코라는 말했다. '이런 사안들이 주어진 것은 내 지식 때문이다.' …… 지식이 주어진 자는 말했다. '당신에게 화가 있을지라도, 믿으며 착한 일을 행

하는 사람에게는 알라 신께서 보상을 주신다. 인내가 강한 사람만이 그 은혜를 받을 수 있다.'"(28:76-80)

거만하지 않은 인성을 전제로, 신은 인간에게 교육적 사명을 부여한다. 내세의 거처는 종교적 의미에서 천국이자 낙원의 세상이다. 그것은 현세의 삶을 기준으로 이해하면, 교육을 통해 마련하는 행복이다. 현세의 행복은 자신의 본분에 맞는, 각자의 '몫'을 합당하게 확보할 때, 보다 큰 기쁨으로 자리한다. 이 상식적 지식은 '권선(勸善)'의 이행과 지속하는 인내의 품에서 빛을 발휘한다. 그 교육의 효과는 무슬림에게 아래와 같은 윤리로 각인된다.

"우리들은 내세의 거처를 이 땅에서 거만하지 않고 악한 일을 하지 않는 사람에게 베풀 것이다. 알라 신을 공경하는 사람에게만 좋은 보답이 있다. 착한 일을 하는 사람에게는 보상이 주어지지만, 악한 일을 행하는 자에게는 그 하는 바에 따라 응분의 보답이 있을 것이다."(28:83-84)

『꾸란』32: 스스로 집을 만드는 거미의 깨달음

2022. 3. 12. 18:30

교육은 누구를 위해 존재할까? 인간이다! 그것만은 명백한 사실이다. 그런데 어떤 인간일까? 다시, 교육은 무엇을 위해 수행되고 있는 걸까? 자신의 삶을 위한 것인가? 사회의 번영을 위한 것인가? 이 모두를 아우르는 것인가? 형이상학적 관념의 모험이 클수록 이에 관한 대답을 풍성하게 만들 수는 있다. 하지만 그것이 사실인지, 진실인지, 확실한 대답을 담보해내기란 쉽지 않다. 정말 교육은 누구를 위한, 무엇을 위한 활동인가?

『꾸란』 29장 「거미의 장」에 그에 관한 답변의 단초를 발견할 수 있게 만드는 구절이 보인다.

> "신앙(信仰)을 위해, 믿음을 통해 노력하는 사람은 결국 자기 자신을 위해 존재한다. 알라 신을 믿는 마음이라면, 달리 아무런 도움도 필요 없다!"(29:6)

이슬람교가 지닌 종교적 의미로는 이 구절이 상식일지 모르겠다. 하지만 나는 이 짧은 구절 가운데 전율(戰慄)을 느낀다. 몸이 벌벌 떨린다. 두렵다. '신앙'을 '교육'으로 환언하면, 교육을 위해 노력하는 사람은 자기 자신을 위해 존재한다는 의미다. 가다머(Hans Georg Gadamer, 1900~2002)가 '교육은 자기교육(self-education)이다!'라고 강조했고, 불교가 추구하는 '자기 깨달음'과 유사한 뉘앙스를 풍긴다. 그리고 또 '알라 신'을 '교육적 진리'로 치환하면, 인생에 임하는 자세가 새롭게 보인다. 교육적 진리를 믿는 마음으로 삶을 추동해 나가면, 특별한 도움이 필요 없다! 인생은 교육을 통해 터득한 진리를 가슴에 안고 달리는, 자가운전(自家運轉)이다.

다시, 문장의 논리를 도치해 본다. 자기 자신을 위해 인생이 존재하려면, 그에 합당한 교육적 노력이 필수적이다. 자기교육에 열정을 쏟아야 한다! 모든 교육이 자기교육일 수도 있지만, 동서고금을 막론하고 이 문제는 가장 심각한 교육적 딜레마이기도 하다. 유학에서 수천 년 동안 '수기(修己: self-cultivation)'를 외쳤지만, 자기수양을 통해 군자(君子)나 성인(聖人)에 이른 사람을 찾기란 쉽지 않다. 어쩌면 아무것도 아닌 것 같은 이 언표가 정말 어렵다. 인간은 상당수가 자기를 찾거나 보존하기보다는, 자기를 잊거나 상실하는 경우가 많다. 그것이 '반성(反省)' 또는 '성찰(省察)'이라는 도덕 수양의 문제를 교육의 핵심 화두로 제시한 이유이기도 하다. 살피고 깨달아야 하는 '성(省)'이라는 글자를 만나는 지점에서, 다시 전율이 엄습한다.

더구나 『꾸란』은 '언어의 마술에 속지 말아야' 하는 인간의 속성을 정확하게 꼬집는다.

> "알라 신을 제쳐 놓고 다른 우상(偶像)을 받드는 일은 제 스스로 집을 만드는 거미와 같다. 사실 거미가 줄쳐서 지은 거주지처럼 약한 집은 없다. 그러나 그들 자신은 그것을 모른다."(29:41)

교육적 진리를 마다하고, 제멋대로 섬기는 현실적 우상은 무엇으로 나타날까? 겉으로만 화려한, 저 자만(自慢)의 늪은, 삶에서 거리를 두어야 할 주요 경계 대상이다. 『꾸란』은 그것을 재고하라고 조용히 충고한다. 물론, 유일신(唯一神)을 신봉하는 기독교나 이슬람교에서 여호와 하나님이나 알라 신 이외에 다른 우상을 섬기는 것은 최대의 금기다.

'우상'은 현실적인 또는 대중적인 인기에 따라 맹목적으로 추종하고 존경하는 대상이다. 문제는 '맹목(盲目)'에 있다. 맹목은 사리(事理)에 어두운 눈짓이다. 맹목적으로 자신의 집을 지어나가는 경우, 어떤 일이건 제대로 처리할 수 없는 천박한 지식을 쌓아갈 뿐이다. 그것은 약한 거미의 집처럼, 가장 나약한 저질적 지식을 형성한다. 바람 앞의 촛불이다. 파도 앞의 모래성과도 같다.

'스스로 집을 만드는 작업!' 이 표현만 보면 매우 긍정적이다. 교육은 이래야 한다. 자기 주도적으로 학습하고 인생을 가꾸어야 한다. 그러나 여기에 함정(陷穽)이 도사린다. 휘황찬란한 관념에 휘둘리지 말라! 상식과 진리의 세계를 제쳐두고, 우상과 같은 존재를 섬기면서 제 스스로 집을 만든다고? 이런 어리석은 인간에게서 삶의 표준이나 상식을 기대할 수는 없다. 아집(我執)을 누적해가면서도 스스로 합리적인 자신의 집을 짓는다고 착각하는 자들, 이들이 교육의 주적(主敵)일 수도 있다. 그런데 자기 스스로 자기의 주적을 만들어 가면서도, 상당수의 인간들이 이런 사실을 인지하지 못한다. 지혜는 현실적 영화(英華)와 대중이 던지는 우매(愚昧) 가운데 묻힌다. 거대한 착각을 현실의 진리처럼 신봉하는 존재가 늘어나기에, 『꾸란』은 다시 경고한다.

"이 세상은 잠깐 동안의 오락(娛樂)이나 유희(遊戲)에 불과하다. 내세만이 참된 생명이다. 물론, 모든 사람에게 이해가 되지는 않겠지만 말이다. 배를 타고 있는 동안은 열심히 알라 신에게 기도하고 구한다. 오로지 신심(信心)에 마음과 정성을 다한다. 그런데 일단 배가 무사히 육지에 닿기만 하면, 바로 마음이 변해 잡다한 신(神)들을 위한 행위에 몰두한다. 모처럼 베풀어준 알라 신의 은혜에 감사하지 않고, 제멋대로 놀아난다. 그러나 보라. 이들은 기어이 뼈저리게 깨달을 때가 있을 것이다."(29: 65-67)

교육이나 진리의 세계를 담지 않은 현실은, '의미가 도망간 쾌락의 마당'이다. 그것은 내세로 상징되는, 의미가 되살아온 세계로 들어가는 입구를 찾을 때, 생명력을 얻는다. '배를 타고 가는 동안'의 시공간을 교육에 치환해 보시라. 무엇이 보이는가? 교육에 임하고 있는 동안은 교육의 세계에 잔뜩 신경 쓴다. 그러나 배가 육지에 닿듯이, 교육이 세계를 떠나는 순간, 인간의 삶은 부정의 심리변화에 휩싸인다. 교육의 울타리가 약속해 놓은 체계는 무시당한다. 교육 이외의 잡다한 인생이, 제멋대로 놀음을 즐긴다. 그 끝에 오는 깨달음이 어떠할까? 허망(虛妄)과 거짓과 지옥(地獄)이라는 특별 거주지에 정착하기 마련이다.

『꾸란』33: 지식을 갖지 않는 자의 마음 봉인(封印)

2022. 3. 14. 10:33

우주 자연의 운행은, 한 편의 잘 짜진, 질서 정연한 연극 대본인가? 아니면, 혼란으로 점철된, 무한 시공(時空)을 가로지르며 무질서를 질서화 하는, 제 마음대로의 창조를 이어가는 걸까? 그 사이에 끼어들어 나부끼는 교육은 무엇일까?

『꾸란』 제30장은 「로마의 장」이다. 역사를 보면, 페르시아(Persia)는 동로마(Eastern Roman Empire)와 끊임없이 싸우고 있었다. 611년 페르시아군은 시리아(Syria)에 침입하여 동로마군을 격파했다. 그리하여 614~615년 무렵, 페르시아군은 예루살렘을 지배하고 있었다. 이 시기에 무함마드는 종교 활동을 개시했다. 하지만 그를 반대하는 메카 지역의 우상숭배자들은 무함마드가 말씀하는 유일신 그리스도교가 동로마군에게 크게 패배한 것을 적극 옹호했다. 「로마의 장」은 이 당시, 메카에서의 계시다. 모두 60절이다.

교육적으로 이해하면, 이슬람 교육의 근원이 조성되는 지점이다. 그 교육의 희망을 『꾸란』은 다음과 같이 시작한다.

> "가장 가까운 땅에서, 그러나 그들은 패배한 다음, 언젠가 승리를 얻으리라. 수년 안에 과거에서나 미래에서나 모든 일은 알라 신의 것! 그날 믿는 사람은 즐거울 것이다! 알라 신의 도움을 즐거워하리라. 알라 신께서는 소망하는 사람을 돕는다. 알라 신께서는 약속을 어기는 일이 없다. 그러나 많은 사람들

은 이것을 알지 못한다. 그들은 현세의 피상적인 것은 알고 있지만, 내세에 대해서는 전혀 알지 못한다."(30:3-7)

무슬림은 패배 후의 승리에 대한 자신감, 믿음과 소망을 통해 즐거움과 도움을 보장받고, 약속의 신성함에 의지한다. 그것만이 삶의 열정을 불태우게 만드는 동력이다. 그 이유는 알라 신의 속성 때문이다. 그 이면의 깊숙한 성격이 이슬람 교육의 가능성을 담보한다.

"알라 신께서는 죽은 땅에 생명을 불어넣으신다.(30:19) 천지와 갖가지 언어와 피부의 빛깔을 창조하였다.(30:22) 공포와 희망을 품기 위해 번개 불을 비추고, 하늘에서 비를 내리고, 죽은 땅에 생명을 넣는다.(30:24)"

죽음에 생명을 불어 넣고, 모든 존재를 창조하고, 공포와 희망의 변주를 통해, 신은 인간에게 교육적 권리와 의무를 부과했다. 그리고는 당당하게 다음과 같이 비유한다.

"알라 신께서는 그대들을 위해 그대들 자신에 대한 비유를 하였다. 그대들은 오른손에 소유하고 있는 것과 우리들이 그대들에게 준 양식을 서로 나누어 갖는가? 너희들 동지끼리 서로 무서워하는 것처럼, 그들도 무서워하는가? 이렇게 해서 우리는 사려 깊은 백성의 징표를 해명한다."(30:28)

삶의 양식을 분배하고, 서로 무서워하듯 배려하라! 분배와 배려의 '역지사지(易地思之)'가 사려를 더할 때, 교육받은 인간으로서 백성을 상정할 수 있다. 현재 시점에서 보면, 민주시민을 기대할 수 있다. 그 교육의 성취와 효과는 다름 아닌 인생의 이치로 드러난다. 삶의 지혜이자 이법(理法)이다.

> "죽은 자에게 듣게 할 수는 없다! 뒤를 보고 있는 귀머거리에게 듣게 할 수 없다. 눈먼 자를 미로(迷路)에서 이끌어낼 수도 없다! 알라 신은 너희들을 약한 상황에서 만들어냈다. 약해진 다음 강함을 주시었다. 강해진 다음 다시 약함을 주었고, 늙음에 따라 백발(白髮)을 주었다."(30:52-54)

역설적으로 말하면, 교육의 논리는 간략해진다. 살아 움직이는 사람은 들을 수 있다. 무엇을? 삶의 진리를. 귀를 총명하게 열어놓은 사람은 들을 수 있다. 단순하게 듣는 것이 아니라 귀 기울여 듣는다. 경청(敬聽)한다. 무엇을? 삶의 지혜를. 눈을 초롱초롱하게 뜬 사람은 대로(大路)를 뚜벅뚜벅 걸어간다. 걷다가 달려 나간다. 왜? 삶의 짐을 등에 싣기 위해. 그러나 그것은 알라 신이 준 논리대로, 약함에서 강함으로, 다시 약함으로, 돌아간다. 그리고 늙어 백발이 되면서, 다시 푸른 낙원을 지향한다.

『꾸란』34: 흥미본위의 경계에서 찾는 낙원

2022. 3. 15. 13:18

『꾸란』의 제31장은 「루크만의 장」이다. 이는 무함마드가 메카에 있을 때의 계시로 전체 34절이다. 『꾸란』의 지적 그대로, "총명한 성전의 표적"(31:2)으로 인식된다. 그 가운데 의미심장한 두 구절을 발췌하여 교육철학적 해석을 가미해 본다.

> ① "사람들 가운데 흥미본위(興味本位)의 이야기만을 받아들이는 무리가 있다. 이들은 지식도 없이 알라 신의 길로부터 인간을 미혹시키고, 알라 신의 길을 웃음거리로 삼는다. 이러한 자는 욕된 징벌을 받으리라. 우리의 계시가 독송(讀誦) 되면 거만하게도 등을 돌리고 떠난다. 그것이 들리지 않고 양쪽 귓속에 무거운 돌이 막힌 것처럼 말이다. 그러니 엄벌의 소식을 전해 주도록 하라. 믿고 선을 행하는 사람은 더없이 행복한 낙원을 받게 된다."(31:6-8)

교육에서 흥미(興味: interest)는 매우 중요한 요소다. 흥미는 관심(關心)으로 표현되기도 한다. 존 듀이(John Dewey, 1859~1952)의 경우, 관심은 아동 교육의 핵심요건으로 강조하기도 했다. 나에게 흥미가 없는 내용과 방법을 아무리 구사한들, 교육적으로 무슨 의미가 있을까? 그러기에 흥미가 없는 내용을 마주하더라도 흥미가 있는 내용으로 바꿀 수 있는 자질도 교육적 성취를 위해 필요하다.

그런데 흥미'만'을 본위로 삼을 경우, 문제가 발생한다. '알라 신의 길'로 상징되는 이슬람 교육의 진리를 외면할 수가 있다. 그것은 '소귀에 경(經) 읽기'식으로, 어떤 교육적 작용도 발생하지 않을 수 있다. 아니, 교육 불가의 인생이 되기 쉽다. 교육을 거부하는 존재에게는, 교육을 거부하면서 획득하는 무식(無識)만큼, 세상에 대한 인식이나 판단력이 부족하기 마련이다. 교육을 회피하거나 거부하는 인생 자체가, 인간에 대한 무례(無禮)다. 욕됨이고 징벌(懲罰)이고 엄벌(嚴罰)이다. 대신, 교육받은 사람에게는 지복(至福)의 낙원이 선물로 주어진다.

> ② "지상(地上)에 있는 모든 수목(樹木)이 펜(pen)이고, 대양(大洋)이 잉크(ink)다. 여기에 다시 일곱 대양을 더하여 펜에 잉크를 적셔도, 알라 신의 말씀을 모두 쓸 수 없다. 참으로 알라 신께서는 힘이 강하고 총명하신 분이다."(31:27)

세상의 모든 존재는 교육의 자료다. 수목처럼 고정적 사물(固定的事物)은, 있는 그대로, 직접적으로 기술할 수 있는, 질서 정연한 대상이다. 대양처럼 유동적 상황(流動的 狀況)은, 흐르는 대로, 간접적으로 설명할 수 있는, 무질서에서 찾는 이법이다. 고정적이건 유동적이건 세상을 모조리 인지할 수는 없다. 세계로 제한할 때, 그 범주(範疇) 내에서 기술하고 설명할 수 있을 뿐이다. 교육의 세상은 너무나 드넓다. 무한한 힘과 총명의 덩어리로 자체 발광한다. 교육의 세계는 무한의 힘을 유한(有限)의 쓸모 있는 힘으로 정제(精製)한다. 총명의 큰 덩어리는 부분으로 단위를 형성하며, 지혜의 빛을 밝힌다.

『꾸란』35: 창조에 귀의하는 희사

2022. 3. 17. 17:43

기독교나 이슬람교에서 유일신(唯一神)인 주(主)는 세상의 모든 것을 창조(創造)한다. 지금부터 150여 년 전인 1859년, 다윈(Charles Robert Darwin, 1809~1882)이 『종의 기원』을 발표한 이후, 세상 만물이 '창조(創造)냐?, 진화(進化)냐?'라는 논쟁을 불러일으키는 형이상학적 근거도 유일신의 세계 창조에 기인한다.

세계 창조와 다르게, 다윈은 생물의 진화(進化)를 다음과 같이 제기한다. '모든 생물은 변이(變異)를 일으킨다. 동물이나 식물의 품종은 인위적 도태(artificial selection)를 통해 개량된다. 자연계에는 생존경쟁이 치열하고, 그 가운데 생존한 것은 보다 유리한 변이를 가진다. 생물의 형질은 상관적 변화를 나타낸다. 생물의 습성 작용이나 환경의 물리적 조건이 직접 작용할 때, 유전적 변화를 나타낸다. 교잡(交雜)은 생물의 생활력을 강화한다!' 이러한 인식은 철학자 스펜서(Herbert Spencer, 1820~1903)를 통해 교육적 사유로 이어진다. 스펜서의 교육은 한 마디로 말하면, 진화이론에 근거한 '완전한 삶'을 꿈꾼다.

세상을 이해하는 방식이 '창조'와 '진화'라는 두 가지 양상의 이념적 전투라면, 교육도 이 사이에서 방황하는 사태가 아닐까? 진화의 관점이라면, 내가 싹을 틔우고 변화 발전을 모색할 수 있다. 그러나 창조의 관점이라면, 조물주의 창조를 통해 그에 합당한 행위를 맞추려 들 것이다.

『꾸란』 32장은 엎드려 절하는 양식인 「복배(伏拜)의 장」이다. 무함마드가 메카에 있을 때 받은 계시로 모두 30절이다. 그 기록은 '천지 창조'의 신성함에 의거한 인간의 교육을 성찰하도록 유도한다. 두어 구절을 묶어 재해석해본다.

> ① "알라 신께서는 하늘과 땅 사이에 있는 모든 존재를 6일 동안에 창조하시고 옥좌에 앉으신 분이다. 알라 신을 제외하면 너희들에겐 어떤 비호자도 중재자도 없다. 그래도 아직 너희들은 정신을 차리지 않겠느냐? 알라 신께서는 하늘에서 땅을 향하여 만물을 움직이고, 잠시 후 만물은 하루 안에 알라의 곁으로 올라간다. 이 하루의 길이가 너희들의 계산으로는 천 년에 해당한다. 보이는 것이나 보이지 않는 것이나 잘 아는 분이고, 힘이 강하고 자애로운 분이다. 창조한 만물을 최선의 것으로 하고, 흙에서 인간을 창조한 분이다. 이어서 인간의 자손을 비천한 물의 정기(精氣)에서 만들고, 형상을 주고, 그 속에 생명을 불어넣은 분이다. 너희들에게 귀와 눈과 심장을 주신 분이다."(32:4-9)

알라 신은 천지의 모든 존재를 창조한 만큼 인간이 살아가는 근거다. 교육적으로 환언하면, 교육의 모든 기준이다. '감싸고 보호하는 비호자나 사이에 끼어들어 화해시키는 중재자도 없다'는 말은 교육의 기준 또는 진리로 확정된 알라 신의 세계 이외에 어떤 기준이나 진리도 존재할 수 없다는 경고다. 모든 사물을 움직이고, 인간에게 사람의 형상과 생명을 불어넣고, 귀와 눈과 심장을 준만큼 절대적으로 귀의하라는 선언이다.

때문에 종교가 추구하는 '영원한' 또는 '항존(恒存)'의 속성은 교육적 진리를 엄격하게 고정시킨다. 어쩌면 불변의 진리를 정돈해 놓는다. 이슬람도 마찬가지다. 알라 신의 세계만이 교육의 기준이고 진리다. 그러기에 무슬림에게 『꾸란』의 기록은 인생의 절대 지침이자 교육의 궁극 원리다.

> ② "우리의 징표를 받으면 고개를 숙이고 엎드리고 주의 영광을 찬양하는 자야말로 우리의 징표를 믿는 사람이다. 그들은 결코 뽐내는 일이 없다. 그들의 몸은 침상을 떠나 두려워하고 공경하며, 희망에 불타는 기도를 주께 올린다. 그들은 우리가 준 양식으로 곧잘 희사(喜捨)한다. 누구 하나 그 소행에 대한 보수를 기대하지 않고 그 기쁨은 자신도 모른다."(32:15-17)

이슬람의 진리로 교육받은 사람은 절대 뽐내지 않는다. 그것은 교육이 '뽐냄의 대상'이 아니라는 의미다. 교육을 통해 성취한 학력이나 재력이나 권력은, 일종의 성공 징표다. 허나, 잘못 이해하면, '뽐내며 우쭐대는'과 '자만'이나 '교만'으로 이어지기 쉽다. 그것은 진정으로 교육받은 인간의 자세가 아니다. 뽐내는 대신, 그들의 몸은 두려움과 공경, 그리고 희망을 품는다. 그 희망은 희사를 낳고, 희사는 어떤 대가도 바라지 않는 일상의 삶으로 드러날 뿐이다.

희사는 삶을 통해 쟁취할 수 있는 가장 큰 배려다. 무슬림의 일상이 그것을 증명한다. 그런 점에서 희사는 교육이 품어야 할 최고의 희망이다.

『꾸란』36: 교육의 경계에서 부정을 청정으로

2022. 3. 21. 9:00

『꾸란』의 제33장은 「부족연합의 장」이다. 이는 무함마드가 메디나에 있을 때의 계시로 전체73절이다. '부족(部族: tribe)'이라는 말은 집단이자 단체를 의미하기에, 언표 자체가 개인을 넘어서 있다. 가족처럼 언어나 종교 등을 공유하는 지역 공동체를 뜻한다. 교육은 개인적 차원의 인격함양을 비롯하여 사회성을 함양하는 삶의 작용이다. 때문에 부족연합에서 발생하는 생활양식은 교육 그 자체다. 이런 인식하에 『꾸란』이 기록한 몇 구절이 교육철학적 시각을 북돋운다.

> ① "알라 신은 어떠한 어느 누구의 가슴 속에도 두 개의 심장을 주지 않았다. …… 그러나 알라 신은 진리를 말하고 큰 길로 인도한다."(33:4)

정확한 지적이다. 이런 계시야말로 '사실(事實)'이고 '진실(眞實)'이다. '확실(確實)'하게 증명할 수 있는 진리다. 모든 사람은 하나의 심장을 지니고 있다. 그 심장은 움직임의 강도에 감응(感應)한다. 운동이 격할수록 뛰는 감각도 강력하다. 교육은 인간이 지닌 이 하나의 심장을 어루만지기 위한 경배(敬拜)의 장이다. 누구에게나 자신에게 알맞게 주어진 심장박동을 따라, 교육은 리듬을 맞추어야 한다. 다른 말로 표현하면, 타고난 성품이나 소질을 의미하는 자질(資質)이라고 해도 좋고, 한 인간이 지닌 고유의 특성인 개성(個性)이라고 해도 무방하다. 한자로 '인재시교(因才施敎)'와도 상통한다. 내 고유의 심장을 통해 인간의 진리를 닫고 세계의 큰 길로 나아가라! 그것이 교육의 기본 원리다.

> ② "집 안에 머물러 있어야 한다. 옛날 무지(無知)했던 시대의 화려한 몸차림으로 인생을 만끽해서는 곤란하다. 예배(禮拜)를 지키고, 희사(喜捨)를 행하고, 알라 신과 그 사도(使徒)에게 순종하라. 오오, 가정(家庭)에 거주하는 자여! 알라 신은 오직 너희들로부터 부정(不淨)을 제거하고, 청정(淸淨)하게 만들려는 일념(一念)뿐이다."(33:33)

'집 안에 머물러야 한다!' 이 짧은 언표는 교육의 실천을 심각하게 되씹어 보게 만든다. 부족공동체에서 집 안은 일종의 단위체다. 단위체는 인간의 행위를 정돈해주는 경계의 표지다. '집 안'이라는 단위체는 개인과 그 행위가 직접적으로 표출되는 최소 단위다. '집 안에 머물러야 한다!'라는, 가정이 던지는 교육적 함의가 전율(戰慄)같은 파동(波動)을 만든다. 그것은 교육의 경계선을 정확하게 지적한다.

어쩌면 교육은, 한계지점에서만 유효한, 교육의 효과를 발휘하는 것인지도 모른다. 예를 들면, 집 안내의 가정교육이나 지역사회 내의 지역사회교육, 특정한 공동체 내의 공동체 특성에 부합하는 교육들이다. 이렇게 본다면, 한때 유행했고 지금도 회자되는 세계화 시대의 국제 이해 교육이나 전 지구적 형태의 보편교육, 정보화 시대의 정보교육을 일방적으로 또는 지나치게 적극적으로 제기하는 것은 합리성을 결여할 수도 있다. 의심스러운 시대 진단에서, 그 시대를 지칭하는 하나의 개념에 치중하여, 막연한 교육들이 진행될 때, 그 교육이 인간의 현실과 미래의 삶을 보장할 수 있지는 미지수다. 당장 의미 있어 보이는, 긴급하다고 느껴지는 교육 현상이 물거품처럼 꺼져가면서, 삶을 기만하는 유령(幽靈)처럼 배회하는 교육이 세상을 지배하고 있는 건 아닐까? 교육이라는 이름의 허깨비를 잡고, 형이상학적 관념의 세계에 머무는 허망한 교육을, '참'교육으로 부여잡고 있지는 않은가?

'집 안에 머물러야 한다!'라는 『꾸란』의 지적은 폐쇄적 느낌을 던지는 것 같다. 하지만, 이 경계 지점을 통해 교육을 현실적으로 고민할 수 있는 돋보기가 될 수도 있다는 생각이 불현듯이 다가온다. 간략하게 정돈하면, '집 안'이라는, '내가 직접적으로 부딪치는 상황'을 앞에 두고, 부정을 제거하고 청정으로 나아가려는 한 생각이, 교육의 철학을 지시한다. 가정은 인생의 안식처(安息處)이자 인류의 온상(溫床)이기 때문이다.

> ③ "위선자나 마음이 병든 자, 그리고 욕설로 선동하는 무리들이 이 거리에서 떠나려고 하지 않으면, 우리는 너희를 내세워 그들과 맞서게 하리라. 그렇게 하면 그들이 너희의 이웃으로 있는 것도 잠시 동안이리라. 그들은 가는 곳마다 반드시 저주를 받고, 붙잡혀 죽음을 당하리라."(33: 60-61)

다시, 『꾸란』이 던지는 교육의 의미가 분명해진다. 위선자나 마음이 병든 인간, 선동의 무리들, 그들과 맞서라! 그것은 선한 존재, 건강한 인간, 자연스러운 상식의 삶을 지향한다.

『꾸란』37: 의심을 해소해 나가는 낮은 울타리

2022. 3. 21. 13:47

『꾸란』의 제34장은 「사바의 장」이다. 이는 무함마드가 메카에 있을 때의 계시로 전체54절이다. 다윗(David)과 바람을 지배하는 솔로몬(Solomon)이 등장한다. 그러나 주의 관대함으로부터 얼굴을 돌린 사바(Saba)의 백성들 얘기도 기록되어 있다.

> "옛날 사바의 백성도 그들의 집에서 하나의 표적을 받았다. 좌우로 과수원이 하나씩 있었다. '주께서 주신 양식을 먹는 것이 좋다. 주께 감사하라. 참으로 좋은 땅이로다. 주께서는 참으로 관대한 분이다. 그러나 그들은 얼굴을 돌렸다. 그리하여 우리는 그들에게 대홍수를 보냈다. 두 과수원에는 초라한 열매가 열렸고, 능수버들과 갈매나무를 군데군데 나게 하였다. 이것이 그들의 배신에 대해 우리가 보내준 보답이다. 그런데 우리가 배신자 이외에 다른 자에게 이와 같은 보복을 가한 일이 있는가! 우리는 사바의 백성과 우리가 축복했던 마을과 마을 사이에 찾기 쉬운 마을을 구축하였고, 그 행사를 정했다. 밤낮으로 여행을 무사하게 계속하라!' 그러나 그들은 말했다. '주여! 저희들의 여로(旅路)를 멀리 연장해 주소서!' 그들은 스스로 불의를 저질렀다. 그래서 우리는 그들을 화제 거리로 삼았다. 산산조각 내어 부숴 버렸다. 그 속에는 참으로 잘 참고, 감사하는 사람 모두에게 주는 표적이 있다"(34:15-19)

조금 길게 인용한 이 기록에서, 나는 본다. 교육의 가능성, 그리고 교육의 힘과 효과를! 축복하는 마을에서 벌이는 교육이 있다면 어떤 것일까? 마을과 마을 사이에 찾기 쉬운 마을에서 교육은 어떤 힘을 발휘할 수 있을까? 밤낮으로 여행을 지속한다면, 그 교육의 효과는 달콤할까? 다시, 교육은 인내한다. 이슬람교, 그리고 무슬림들은 알라 신의 이상과 진리로 향한다.

> "참으로 주께서는 진리를 내던지고 보이지 않는 것을 잘 아는 분이다. 진리가 나타났다. 허망(虛妄)은 태어나지도 않고 재생하지도 않는다! 내가 미혹(迷惑)에 빠졌다할지라도 그것은 나를 위해 미혹되는 짓이다. 옳게 인도되었다면 그것은 주께서 계시하는 덕이다."(34:48-50)

이 기록에서 인상 깊은 구절이 보인다. 그것은 진리에 관한 원초적 이해를 구한다. '허망은 태어나지 않았다! 재생하지도 않는다!' 그렇다! 애당초, 진리는 '있는 그대로'였다. 그것이 허망으로 느껴지는 순간, 인간이 개입했다. 인위적으로, 사실은 왜곡되었고, 진실은 허물어졌다. 있는 그대로의 진리는, '있는 그대로' 지속할 뿐이다. 항존명제(恒存命題)처럼 언어의 이상향에 머문다. 인간이 재생(再生)의 길을 답습(踏襲)하는 만큼, 허망의 정도는 강화된다. 그것은 거대한 장벽 쌓기의 시작이다. 그런 인식 때문일까? 『꾸란』 34장의 마지막 구절은 다음과 같이 경고한다.

> "그들과 그들이 욕망하는 것들 사이에는 장벽이 가로 놓일 것이다. 그들은 어디까지나 의심이 많은 무리들이었다."(34:54)

이 마지막 주의(注意)는, 주(主)에 대한, 알라 신에 대한, 다시 말하면, 교육적 진리에 관해 '의심이 많은' 상황의 타파다. 교육에서 다루는 제반 영역이, 상식적 이치를 구가하며, '의심을 최소화 하는', 사태의 주시(注視)다. '욕망하는 것들 사이의 높은 장벽'은, 욕망을 최소화해 나가며, 낮은 울타리를 설치하는 삶의 노래 가운데 울려 퍼진다. 교육은 그런 노래의 작사·작곡이다.

『꾸란』38: 자진(自進)하는 선행, 위대한 은혜

2022. 3. 23. 11:26

『꾸란』의 제35장은 「창조자의 장」이다. 메카에서의 계시로 전체 45절이다. 비교적 짧은 기록이다. 하지만, 매우 현실적인 삶의 의미가 눈길을 끈다. 창조주(創造主) 알라 신의 인간미 넘치는 장면이 엿보인다. 특히, 교육적 시선을 담으면 보다 진지한 측면으로 느껴진다.

더 이상 강조할 필요도 없지만, 유일신 '알라'는 이슬람의 진리다. 인간에게 최고의 삶을 약속한 성인이다. 그것은 35장의 초반부에 명시되어 있다.

> "참으로 알라 신의 약속은 진리다. 따라서 이 세상 생활에 속지 않도록 마음먹어라! 또 너희들은 기만하는 자가 알라 신을 속이지 않도록 마음먹어야 한다."(35:5)

인간의 역할은 신의 약속을 저버리지 않는 것이다. 그 약속은 진리이기에 교육을 담보하는 항상성(恒常性)을 지닌다. 신의 약속과 진리는 세상을 구제하는 힘이다. 그에 관한 거짓 언표와 삿된 행위는 기만(欺瞞)의 인간사를 써 나가기 마련이다. 속임수다. 그러기에 세상의 거짓된 생활에 속지 않도록 마음을 다져야 한다. 이 '마음 다지기'의 발심(發心)이 교육을 형성하는 기반이다. 때문에 교육은 '거짓에 속지 않는 마음을 확보하는 작업'으로 귀결된다. 그 이유나 조건에 관한 설명은 아래와 같이 다시 이어진다.

"자기의 악행(惡行)을, 어떤 일을 하건 실속 없이 겉으로만 꾸며 장식하고, 그것을 선행(善行)과 같이 생각하는 자는 어떨까? 주(主)께서는 뜻을 둔 사람을 미혹시키는 동시에 인도한다. 그러므로 그대의 영혼이 그들을 위해 소모되지 않도록 마음먹어라. 참으로 알라 신께서는 그들의 소행을 잘 안다."(35:8)

문제는, 다시, '선악(善惡)'이다. 착하거나 바쁘다(good and evil)! 옳거나 그르다(right and wrong)! 뜻을 둔 사람, 즉 인생의 '입지(立志)'에 신중한 사람은, 심각하게 고민한다. 허례허식(虛禮虛飾)의 장식물이 악행을 지향하기 쉽다는 사실을. 그리고 인간의 삶이 지닌 이중(二重)의 구조를 넘나들며 흔들린다. 미혹(迷惑)으로 전락하는 유혹(誘惑)과 명증(明證)을 향한 결의(決意)가 영혼의 안식을 흔든다. 그것은 선행을 향해 가는 길목에 들어서고 나서야 휴식을 얻는다. 하지만 나의 삶은 나의 삶일 뿐이다. 각자의 삶은 각자의 삶일 뿐이다. 그런 삶들이 사귀며 인간 사회를 형성한다.

"짊을 짊어진 사람은 다른 사람의 짐까지 합쳐서 질 수는 없다. 무거운 짐을 진 사람이 그 일부를 다른 사람에게 져 달라고 부탁할지라도, 진정으로 그 일부를 짊어져 줄 수는 없다. 가까운 친척이라 하더라도 마찬가지다. 그대가 할 수 있는 것은 보이지 않는 주(主)를 두려워하고 예배를 지키는 사람에게 경고하는 일 뿐이다. 몸을 깨끗이 하는 사람은 자기 자신을 위해 깨끗이 할 뿐이다."(35:18)

나의 짐, 내가 해야 할 일은 아무도 대신해 주지 않는다. 전적으로 나의 책임이다. 많은 사람이 보조하고 도움을 줄 수는 있다. 그러나 내가 짊어진 짐은 나의 짐이다. 누구 대신 져주지 않는다. 이 대목에서 교육은 충분히 고려해야 한다. '자신의 짐은 자기가 짊어져야 한다!' 이 사실을 진리로 주입해야 한다. 아니 강요해야 한다. 그것이 책임감이고, 자신을 정화하는 수련(修練)의 핵심이다. 누가 자신의 몸을 깨끗이 닦는가? 그 누구도 아니다. 나 자신일 뿐이다. 유학이 강조했던 '자수(自修)', 즉 스스로 학문을 닦아 나가는 양식과도 상통한다. 나에게 찌든, 묵은 때를 벗겨낼 용기를 지닌 사람만이 교육받은 인간으로 거듭날 수 있다! 알라 신의 현재성이 돋보이는 지점이다.

> "스스로 불의(不義)를 행하거나 마음이 약한 자도 있다. 하지만, 알라 신의 용서에 근거하여 자진(自進)하여 선행(善行)에 힘쓰는 사람도 있다. 이것이야말로 위대한 은혜다."(35:32)

선행에 스스로 나서라! 알라 신의 약속은 그 이상도 이하도 아니다. 무슬림의 교육도 마찬가지다. 자진하여 선행에 힘쓰는 인간의 양성! 그것이야말로 지상 최대의, 신이 베푼, 인간이 성취할 수 있는 최상의, 은혜다. 교육이 기여할 수 있는 최고의 축복이다.

『꾸란』39: 두려움을 심는 철학

2022. 3. 24. 9:09

『꾸란』의 제36장은 「야·스윈의 장」이다. 이는 무함마드가 메카에 있을 때의 계시로 전체83절이다. 몇 가지 표적(表迹)이 등장하고, 그것은 '두려움'의 문제를 '은혜'로 전환한다. 표적은 사도를 조롱하는 종들 앞에서 펼쳐진다. 30절 이후 약 20구절은 그 두려움에 관한 경종(警鐘)이다.

반드시 교육받아야 할 존재인 '종(從)'들이 교육받지 않으려고 발버둥 치며, 제멋대로의 여정을 떠나려고 할 때, 그 얼마나 슬픈가? 그것은 무지자(無知者)들이 무지를 깨치지 않고, 무지를 밑천으로 다시 무지의 길을 횡행하는 것과 동일하다. 그들은 스승의 열정어린 가르침이 있어도, 뒤돌아서서, 스승도 교육도 모두 조롱한다.

그들에 대한 표적의 하나로 사지(死地: deadly circumstances)가 있다. 사지는 죽음의 땅이다. 죽음이 늘 드리운 상황이다. 하지만 스승은 교육을 통해 사지를 소생(蘇生)시킨다. 거기에 곡물(穀物)을 나게 한다. 그들은 그 곡물을 먹고 산다. 교육은 거기에 대추나 포도 과수원을 만들 수 있도록 돕고, 샘을 솟아나게 하여, 그들이 그 열매나 그들 스스로의 손으로 만든 것을 먹도록 한다. 지상에 사는 것, 그들 자신, 그리고 그들이 모르는 것을, 자웅(雌雄)의 쌍으로 창조하게 만든, 교육의 진리를 찬양하라.

또 하나의 표적으로 '밤(夜: night)'이 있다. 밤으로부터 낮을 없애보라. 어떻게 될까? 그들은 저 캄캄한 어둠속에 놓인다.

그리고 또 태양(太陽: the sun)도 하나의 표적이다. 태양은 휴식처를 찾으며 운행한다. 그 짝인 달(the moon)도 있다. 달이 말라 죽은 대추나무의 낡은 가지처럼 기울어졌다가 다시 제자리로 되돌아오기까지 우리는 교육을 진행한다. 그 사이에 태양이 달에 가까워지면 안 된다. 밤이 낮에 선행해서도 안 된다. 그것은 그저 제각기 자기 자리에서 하늘을 떠돌 뿐이다.

물건을 가득 실은 배(ship)에, 그들의 자손을 태워 운반하는 것도 표적의 하나다. 그래도 교육은 그들을 위해 배와 같은 탈 것을 만들 수 있게 돕는다. 마음이 내키면 부실하게 배를 만들어 그들을 익사시킬 수도 있다. 그렇게 되면 그들에게는 어떤 구조자도 없다. 구조될 수 없다. 다만, 교육받은 존재가 베푸는 자비(慈悲)를 통해, 잠시 동안 안전하게 지낼 수는 있다.

'교육 받는다'는 사실은 이런 것이다. 교육을 사이에 두고 고민하는 인간은 그 앞과 뒤에 있는 모든 사안을 두려워해야 한다. 그러면 아마 은혜를 받게 될 것이다. 문제는 이런 소리를 듣고도, 교육을 도외시하는 종들과 같은 존재, 그런 무지자들은, 실제 교육의 표적이 베풀어지는 단계에 이르면, 등을 돌리고 사라져 간다. 특히, 너희들에게 주어진 양식 가운데 '희사(喜捨)를 하라'는 권고가 다가오면, 그들은 교육의 반대쪽으로 내달린다. 그것은 징벌의 폭풍을 몰아오고, 낙원을 버린다. 인간 사회의 물결이 그러하다. 이런 측면에서 교육은, 두려움을 인지하게 만드는 깨우침이다. 세상에서 두려운 것이 무엇인지를 깨닫게 하는 공구(恐懼)의 철학을 마음에 심는 작업이다.

『꾸란』40: 인내력과 시련의 사이 세계

2022. 3. 25. 17:23

『꾸란』의 제37장은 「정렬자(整列者)의 장」이다. 메카에서의 계시로 전체 182절이다. 노아(Noah), 아브라함(Abraham), 이삭(Isaac), 엘리야(Elijah) 등 여러 사람에 관한 이야기가 정돈되어 있다. 특히, 『바이블』「창세기」의 22장에 등장하는 아브라함과 그의 아들 이삭에 관한 이야기를 불러온다면, 의미가 더욱 살아날 수 있는 대목이 눈길을 끈다. 교육적 의미를 부여하는 데 도움을 준다.

"신앙을 가진 사람 가운데 아브라함이 있었다. 보라! 그는 완전한 마음을 가지고 주(主)의 곁으로 와서, 그의 아버지와 백성을 향하여 '당신들은 무엇을 숭배하고 있는가? 알라 신을 무시하고 허위의 신들을 찾는 것인가? 만유(萬有)의 주(主)에 대해 어떻게 생각하고 있는가?'라고 말했다. 그리고는 즐비한 별을 올려다보며, '나는 마음의 병을 앓고 있다'라고 말했다. 그러자 그들은 등을 돌리고 그들에게서 사라져갔다. …… 주여! 의로운 사람이 될 자식을 제게 주옵소서! 그래서 우리는 그에게 총명한 남아가 태어날 복음을 전해 주었다. 이 아이가 성장하여 그와 함께 일하게 되었을 때, 그는 말했다. '아, 아들아! 너를 희생으로 바치라는 꿈을 꾸었다. 어떻게 생각하느냐?' 아들이 말했다. '아, 아버지! 명령 받으신 대로 해 주십시오. 알라 신의 뜻이라면, 제가 인내력이 강한 사나이라는 것을 알아주실 겁니다.' 두 사람이 명령을 받들어 우선 아브라함이 아들을 땅에 얼굴을 대고 엎드리게 했을 때, 우리는 그를 불러,

'아, 아브라함이여! 너는 꿈에 충실하였다. 이와 같이 하여 우리는 선행(善行)에 정진하는 사람에게 포상을 준다. 이것이야말로 명백한 시련(試鍊)이다!'라는 것이라고 알려주었다."(37:83-106)

이 기록에서 교육을 연상할 만한 단어들을 추출할 수 있다. '완전한 마음', '마음의 병', '총명(聰明)', '성장(成長)', '희생(犧牲)', '인내(忍耐)', '꿈', '선행(善行)', '시련(試鍊)' 등과 같은 표현이다. 완전한 마음을 바탕으로 교육해 나가는 길목에는 총명과 성장이 자리하는 동시에 선행이 들어서기를 꿈꾼다. 마음의 병을 앓고 있다면, 그것은 희생과 인내, 그리고 시련을 관통하며, 마음의 소리에 귀 기울일 수 있는 기회를 포착할 수 있다. 다시 말하면, 병든 마음과 건강한 마음 사이를 두루 성찰하는 작업이다.

『꾸란』41: 지혜 창출의 근거, 뉘우침과 깨달음

2022. 3. 31. 15:42

『꾸란』 38장은 「사드의 장」이다. 이 기록에는 다윗(David), 솔로몬(Solomon), 욥(Job) 등 기독교 『바이블』에 등장하는 여러 성현이나 지성인에 관한 얘기가 진지하게 담겨있다. 일반 사람들에게도 잘 알려져 있는 솔로몬의 경우, '지혜'의 화신으로 각인되어 있기도 하다. 그런데 여러 성현에게 부과된 삶의 철학이 의미심장하다.

> "그대는 그들이 말하는 것을 참고 있다가, 우리의 종(從)으로서 힘 있는 다윗을 생각하여라. 참으로 그는 회오(悔悟)를 잘 하는 사람이다."(38:17) …… "우리는 다윗에게 솔로몬을 보냈다. 얼마나 대견한 종이더냐. 참으로 솔로몬은 회오(悔悟)를 잘 하는 사람이니라."(38:30) …… "'너의 손에 한 다발의 풀을 가지고, 그것을 쳐라.' 결코 맹세를 깨뜨리지 마라. 우리는 욥이 인내력이 강한 사나이라는 것을 알았다. 얼마나 훌륭한 종이더냐. 참으로 욥은 곧잘 회오(悔悟)하는 사람이다."(38:44)

다윗과 솔로몬과 욥을 관통하는 한 단어가 있다. '회오(悔悟)'다! 회오(悔悟)는 '잘못을 뉘우치고 깨닫는 행위'다. 인간의 도덕성은 회오를 통해 생명력을 확보한다. 잘못된 일과 거짓된 일을 판단하여 뉘우치는 만큼, 지성은 폭을 넓힌다. 깨달음의 깊이만큼 지혜는 깊이를 더한다. 잘못의 인식과 교정, 깨달음을 통한 사명감이 지성과 지혜를 창출하는 근본이다. 교육은 과오의 뉘우침과 깨달음을 중심으로 현실을 개척한다.

4월

Flower still life
Georges Morren(Belgian, 1868-1941)

『꾸란』42: 배신의 세월 건너 지식과 심사(深思)

2022. 4. 1. 11:24

『꾸란』 제39장은 「집단의 장」이다. 무함마드가 메카에 있을 때의 계시로 전체 75절이다. 알라 신이 '진리를 가득 채워' 계시했다고 명시한 기록이다. 그만큼 성심성의(誠心誠意)를 다해 알라 신을 섬기고 숭배하라고 권고한다. 이 무엇을 상징할까? 종교적으로 이해한다면, 유일신 알라 신을 찬양하고 그에 귀의하라는 의미다. 교육적으로 철학을 부여한다면, 다른 차원을 고려할 수 있다. 아래의 한두 구절이 삶과 교육의 문제를 되돌려 놓는다.

> "재난이 갑자기 인간을 덮쳐 공격할 때, 인간은 주(主)께 잘못을 뉘우치고 깨닫기 위한 기도를 올린다. 그러나 알라 신께서 은혜를 내리면 신께 기도드린 것을 깡그리 잊어버린다. 그리고는 알라 신과 나란히 놓을 우상을 새로 만들고, 신의 길에서 미혹되게 하려 든다."(39:8)

인간은 신의(信義)나 신뢰(信賴)를 소리 높여 외치며 삶의 동력처럼 얘기한다. 그러나 때로는 그 반대 행위인 배신(背信)의 사슬이 삶을 수놓기도 한다. 그것은 어렵거나 위험한 상황에 처했을 때, 더욱 생생하게 드러난다. 쉽고 편안한, 보편적 일상에서, 사람들은 자신과 관계하고 있는 존재들에게 너무나도 굳건한 신뢰를 보낸다. 하지만, 어렵고 위험한, 특별한 일상에서 신의는 헌신짝처럼 버려지는 경우도 있다.

옛말에도 있지 않은가! "정승 집에서 기르던 개가 죽으면 그 집의 문지방이 닳도록 문상객들이 문전성시(門前成市)다. 하지만 정작 정승 본인이 죽으면 사람 그림자조차 보기 힘들다." 설명하지 않아도 느낄 수 있는, 이 언표에서 인간을 보고 교육을 본다. 배신의 세월이다! 배반의 계절이다! 참기 힘든, 군상(群像)의 이기적 욕망이다.

『꾸란』의 기록은, 그 배신의 세월을 경계하며, '재난(災難)'과 '은혜(恩惠)'와 '미혹(迷惑)'의 연속(連續), 그리고 단속(斷續)을 넘나든다. 알라 신이 어렵고 위험한 시공(時空)을 극복하도록, 강건(剛健)과 총명(聰明)을 준 교육의 세계다. 그 은혜는 적극적으로 신뢰해야 한다. 그러나 인간은 신뢰는커녕 의심의 눈초리 가득한, 광기어린 시선을 내뱉는다. 그 교육철학적 처방은 깊은 사유를 유도한다.

> "엎드려 밤 세우고, 때로는 서서 예배를 드리며, 내세를 두려워하고, 주(主)의 은혜만을 희망하는 자! 말하라, '지식이 있는 사람과 없는 자가 같을 수 있는가?' 깊은 생각이 있는 사람만이 교훈을 얻는다!"(39:9)

종교적 차원의 예배 의식이나 신을 경배하는 시간을 초월한다면, 교육의 경건한 양식을 감지할 수 있다. 아주 단순하다.

밤 세워 연구하라! 탐구하라! 연구와 탐구의 결과를 존중하라! 그것만이 교육의 희망이다. 앉아 있는 시간이나 서 있는 시간이나, 다시 말하면, 언제 어느 때나, 밤낮 구분 없이, 지식을 추구하라! 동시에 지식을 사고로 연결시켜, 이론과 실천의 변증법적 승화를 고민하라. 그것은 이상과 현실의 균형이자 실제와 지향의 통일을 염두에 둔다. 『논어』에서 언급한 것처럼, “학이불사즉망(學而不思則罔), 사이불학즉태(思而不學則殆)!”

『꾸란』43: 교육받지 않는 존재에 대한 경고

2022. 4. 1. 17:46

『꾸란』 제40장은 「신자(信者)의 장」이다. 무함마드가 메카에 있을 때의 계시로 전체 85절이다. 시작은 다음과 같다.

> "이 성(聖)스러운 기록은 알라 신께서 주신 것. 힘이 강하고, 모든 것을 알고 계신 알라로부터. 죄를 용서(容恕)하고, 회오(悔悟)를 받아들이고, 엄벌(嚴罰)을 가하고, 또 은혜(恩惠)를 베풀어 주시는 분. 알라 이외에 신은 아니 계시며, 알라의 곁이야말로 귀의(歸依)할 곳이다. 알라 신의 증거(證據)에 대해, 논쟁하는 자는 믿지 않는 자뿐. 따라서 그들이 나라 안을 활보할 때, 그대들은 속지 않도록 하라."(40:2-4)

이렇게 신자(信者)와 불신자(不信者) 사이의 특성이 시소게임을 즐기며 팽팽한 긴장을 펼친다. 그렇게 경고를 이어가다, 마지막 구절은 이렇게 마무리 한다.

> "그러나, 우리의 엄벌(嚴罰)을 본 뒤에 비로소 '믿겠습니다!'라고 말한들 소용이 없다. 이것은 알라께서 종(從)들에 대해 행해 온 관례(慣例)다. 여기서 배신자(背信者)들은 멸망(滅亡)하여 사라진다."(40:85)

신자와 불신자의 경계는 교육을 불러온다. 교육은 삶의 지침과 철학을 지시하고, 다시 신의 은혜를 갈구한다. 그 몇 가지 양상은 간략한 구절로 정돈된다.

"잘못을 뉘우치고 깨닫는, 즉 회오(悔悟)하는 자만이 교훈을 얻는다."(40:13)
"믿지 않는 자들의 책모(策謀)는 미로(迷路)로 들어갈 뿐이다."(40:25)
"방탕하고 거짓을 말하는 자는 인도(引導)하지 않는다."(40:28)
"믿지 않는 자들이 외치는 소리는 허공(虛空)을 맴돌 뿐이다."(40:50)
"오만한 자들의 주거(住居)가 얼마나 가련(可憐)한가!"(40:76)

종교적 차원에서 '믿지 않는 자'는 교육적 차원에서 '교육받지 않은 인간'이다. 이 짧은 몇몇 구절은 교육의 세계가 무엇을 지향해야 하는지, 이슬람 교육의 양식을 안내한다. 그것은 회오(悔悟)를 필두로, 불신자의 책모를 경계하고 방탕하는 자들, 거짓을 말하는 자들에 대한 경고의 일침이다.

오직 현실의 잘못을 뉘우치고 깨닫는 존재만이 교훈을 얻는다. 그 교훈은 생명을 불어넣는 교육이다. 이외의 병든 인간들은 미로를 헤매고, 신이 베풀어 놓은 은혜를 입을 수 없다. 허공에서만 맴돌며 지상낙원으로 내려오지 못하는 저 한심한 소리는, 삶의 무의미 그 자체다. 진실을 외면하고 관념의 놀음에만 귀 기울이는 저 오만한 자들이 살 곳은, 지상낙원에서는 찾아보기 힘들다. 설사 있다하더라도 평온과 안락의 보금자리가 아니라, 가시발길 비탈의 축축한 곳이다. 가련(可憐)하다. 불쌍하다! 이런 차원으로 전락하지 않도록, 제도적으로 몸부림치는 삶의 원질(原質) 현상이 교육이다.

『꾸란』44: 복음과 경고, 예방과 치료

2022. 4. 4. 13:12

『꾸란』 제41장은 「설명(說明)의 장」이다. 무함마드가 메카에 있을 때의 계시로 전체 54절이다. 이장은 "복음(福音)이자 경고(警告)다"(41:4)라고 엄중하게 선포한다. 그 이중적(二重的) 표현은 경전 기록의 전체를 장식한다. 그러나 인간은 진리의 세계를 외면한다. 인간의 본래 성격이 그러할까? 아니면, 교육받지 않은 인간만이 그런 모습을 보이는 걸까? 『꾸란』은 안타까운 외침을 이어간다.

> "가르침을 내렸는데도 이것에 등을 돌리는 무리는, 참으로 이것이야말로 최고의 성전(聖典)인데도, 앞에서도 뒤에서도 허위(虛僞)가 잠입할 수 있는 틈 하나 없는 것인데도, 총명하신 분이며 찬미해야 할 분께서 내려주신 계시(啓示)인데도."(41:41-42)

인간은 자기를 중심으로 생(生)을 영위하려는 존재인가 보다! 자기중심주의는 개인주의를 넘어 이기주의(利己主義)를 낳는다. 이기주의는 다시 공동의 이익을 해칠 우려가 있다. 인간의 사회 구성을 적극적으로 방해한다. 때문에 교육은 개인과 공동체의 조화를 강력하게 설정한다. 자기중심적 사유와 행위를 사회와 결부하여 공동의 이익으로 환원하려는 열망을 내보인다. 그런데 현실사회의 인간은 여전히 자기중심주의에 빠져 있다. 『꾸란』의 경고는 그것에 집중된다.

"인간은 자기가 좋은 것만을 찾아 행동하며 싫증낼 줄 모른다. 그러나 재난이 한 번 들이 닥치면 극복은커녕, 완전히 절망해 버린다! 그런 다음 우리가 자비를 베풀어주면, 그들은 '이것이 나에게는 당연한 일! 그런 때가 온다니 상상할 수도 없는 일, 가령 주의 곁으로 돌아가게 되더라도 가장 좋은 것을 받게 되겠지!'라고 말할 것이 틀림없다. 그래서 우리는 믿지 않는 자에게 그 소행을 통고하고 엄벌의 맛을 보이는 것이다. 우리가 인간에게 은혜를 베풀면, 등을 돌리고 멀리 사라져 간다. 그러나 재난이 한 번 닥쳐오기만 하면, 구원을 열심히 구하며 온다."(41:49-51)

왜? 인간은, 재난이 습격해오면, 그것을 피하기 위해, 또는 자기 구원을 위해, 신(神)을 찾는 걸까? 교육도 마찬가지다. 왜? 특정한 사안을 처리해야 할 때, 자신에게 부족한 것을 확보하기 위해 교육을 받는 걸까? 대부분의 인간은 이러한 양식의 인생에 물들어 있다. 그것은 이미 병들어 치료를 받든 일과도 동일한 논리다. 몸이 병들고, 행동에 실수가 있고, 마음이 비뚤어졌을 때, 그것을 치유(治癒)하는 작업도 매우 소중한 교육적 처방이다.

하지만, 교육이 노리는 이상은, 사후(事後)의 치료(治療)보다 사전(事前)의 예방(豫防)이 먼저다. 그러기에 이슬람은 자비와 은혜를 베풀 때, 먼저 구원을 예비하려는 자세를 취한다.

『꾸란』45: 지식의 속성, 지조 있는 인간

2022. 4. 7. 10:40

『꾸란』의 제42장은 「협의(協議)의 장」이다. 이는 무함마드가 메카에 있을 때의 계시로 전체53절이다. 지식의 문제가 언급되고 있어 흥미롭다. 교육에서 핵심으로 다루는 지식의 속성이 부정적으로 비춰진다면, 씁쓸하다는 생각이 들기도 한다.

> "지식을 얻은 뒤에 서로 적대하고 분열하게 되었다. 주께서 어떤 기한까지 어떤 말씀이 없었던들, 그들은 이미 재판을 받았을 것이다. 그들로부터 나중에 성전을 이어받은 사람들도 어찌할 바를 몰라 의심을 품게 되었다."(42:14)

지식이란 무엇일까? 일반적으로 지식을 터득해 나가면 나갈수록 지혜를 확보할 수 있을 것으로 이해한다. 그런데 지식을 얻은 뒤에, 지식을 확보한 인간 사이에, 서로를 적대시하는 경우가 상당하다. 아마, '지식을 확보하고 터득했다'는 사실 자체의 문제는 아닐 것이다. 지식을 확보하면서 만들어지는 관점의 차이와 상대를 고려하지 않는 아집(我執)이 지적 분열을 조장했을 것이다.

지금도 마찬가지다. 교육받은 인간일수록, 자신이 확보한 지식에 따른 신념을 확고히 다진다. 긍정적으로 표현하면, 자신의 학문 세계를 만들어간다. 그것은 교육적 고집이자 새로운 진리의 세계를 구축한다. 자신의 학문 세계나 교육적 신념을 굳게 다지는 작업은 매우 소중하다. 하지만 그것이 타자의 학문 세계에 대해 배타적이거나 적대감을 노출하며 분열을 가속화할 때, 교육의 세계는 부정적 요인으로 가득 찬다. 부정적 요인은 학문적 불신(不信)의 씨앗이다.

> "우리들에게는 우리들 소행에 관한 책임이 있고, 너희들에게는 너희들 소행에 대한 책임이 있다!"(42:15)

적대감이나 분열에 의한 소행은 아닐지라도, 알라 신을 믿는 사람과 그렇지 않은 자 사이에 선과 악의 구분은 명확하다. 각자가 터득한 지식과 그로 인한 행위에 대해 분명한 책임을 져야 한다. 하지만 명백한 사실, 교육적 진실은 다음과 같은 언표에서 점잖게 확인된다.

> "압박(壓迫)받은 사람이, 자신을 지키기 위해 행동한 것에 대해, 문책(問責)할 이유는 없다! 그러나 지상에서 부정(不正)을 저질렀고, 부당한 압박을 가한 자에게는, 문책하는 방법이 있다. 그들에게는 엄벌(嚴罰)이 준비되어 있다. 잘 참고 견디며 용서하는 사람, 이런 사람이야말로 지조(志操)가 견고하다고 할 만하다."(42:41-43)

압박받는 사람은 어떤 지식을 가슴에 담을까? 압박의 내용만큼 비판(批判)하고 반항(反抗)하고 저항(抵抗)하는 투사(鬪士)가 되어야 하는 건 아닐까? 교육은 비판하고 반항하고 저항하는 투사를 문책할, 그 어떤 명분을 가르쳐서는 안 된다. 아니, 가르칠 수 없다! 유일한 교훈은 압박 자체를 해소(解消)하는 작업이다. 그것은, 삶이, 투쟁 가운데 알차게 진행되는, 모순의 공동체임을 지시한다. 그러기에 교육받은 사람은 투쟁 가운데 인내와 용서에 균형을 맞춘다. 인내와 용서를 품에 안고, 교육의 미학적 차원을 발휘한다. 단언하면, '지조(志操) 있는 인간'으로 거듭난다.

『꾸란』46: 교육은 무엇을 장식하는가?

2022. 4. 8. 9:45

『꾸란』의 제43장은 「장식(裝飾)의 장」이다. 이는 무함마드가 메카에 있을 때의 계시로 전체89절이다. 인간은 무엇을 장식하면서 살아야 할까? 교육은 인생에 화려한 장식을 올려줄 수 있을까? 이 장에서 예수(Jesus Christ)가 알라 신을 '나의 주(主)'라고 하고, '알라 신을 숭배하는 일이야말로 옳은 길'(43:63-64)이라는 대목이 인상 깊다. 기독교와 이슬람교가 유일신 하나님과 알라, 무함마드와 예수를 대하는 인식의 차이겠지만, 예수는 알라 신을 주(主)로 모시고, 예언자의 한 사람으로 활동한다. 그런 예언자나 선지자의 활동을 중심으로, 『꾸란』 43장의 몇몇 구절은 구태의연한 언표 같지만, 교육의 의미를 되새김질하게 만든다.

> "너희들이 방탕한 백성이라고 하여 교훈을 없애 버려도 좋겠는가? 옛날 사람에게 우리는 얼마나 많은 예언자를 보냈던가? 예언자가 나타날 때마다 그들은 비웃었다."(43:5-7)

교훈은 영원할 수 있다. 아니면, 교훈은 끊임없이 시대정신을 고려하며 성찰할 필요가 있다. 때로는 결정론적으로 정돈하는 경우도 있다. '교훈은 영원하다.' 때문에 '무조건 지켜야 한다!' 그 어느 방식을 취하건, 교훈에 대해서는 갈파(喝破)하는 예언자나 교육자들을 비웃기보다, 경청하는 자세가 요청된다. 그래서 다시, 경청(敬聽)이라는 행위의 메시지를 돌아본다.

> "불의(不義)를 행하는 자는 불쌍하게도 고통의 날이라는 징벌을 받으리라!"(43:65) "그들이 노는 데 정신이 빠져있는 것을 그대로 놓아두라. 언젠가는 약속된 그날에 만나게 될 테니." (43:83)

정의롭지 않은 사태를 즐기거나 열심히 일하지 않고 게으르게 노는 순간에 몰입하는 인간은 어찌할 도리가 없다. 그들이 갈 곳은 생의(生意)의 추락일 뿐이다. 교육이 경계하는 최악의 상황이다. 이 지점에서 다시, 부정(不正)과 불의(不義), 그리고 나태(懶怠)함의 일상을 타파하려는 교육적 노력이 삶을 일깨우는 자산임을 확인한다. 저 건너편에서 정의(正義)와 근면(勤勉)이 손짓한다! 교육은 그런 손짓에서 희망을 품는다.

『꾸란』47: 놀이와 향락, 그리고 억측(憶測)의 연기(煙氣)

2022. 4. 10. 13:42

교육(教育)과 철학(哲學), 그리고 종교(宗教)는 확연하게 다른 느낌이 존재한다. 교육이 '철학의 실천'이라면 철학은 '교육의 이론'이다. 그 철학과 교육은 철저하게 '현실(現實)'이 담보한다. 그런데 종교는 차원을 달리한다. 그것은 분명 현실을 딛고 움직인다. 그런데 지상계(地上界)에서 천상계(天上界)로, 현실에서 이상으로, 세계를 옮겨나가려는 몸부림으로 가득하다. 천상계과 이상의 정점에 신(神)이 자리한다. 어쩌면 인간은 상당수가 특정 종교를 신봉하지는 않을지라도, '종교성(宗教性)'을 지니고 있다.

이슬람교도 마찬가지다. 알라 신을 향해 집중되는 저 신앙의 체계가 교육을 품고 있다. 무슬림들은 이슬람의 교리에 따라 교육을 전개할 수밖에 없다. 그 궁극 목적이나 최종 근거는 알라 신의 계시이자 이슬람의 진리일 뿐, 다른 사유를 고민할 틈은 없다.

『꾸란』의 44장은 「연기의 장」이다. 이후의 기록은 앞의 장에 비해 내용이 상대적으로 짧다. 대부분이 알라 신으로 귀의하라는 메시지를 담았다. 계시의 진리를 믿고 따르면 낙원이고, 등을 돌리고 놀이와 향락에 빠지면 지옥이다.

"알라 신 이외에 어떠한 신도 없다. 살리고 죽이는 것도 모두 이분의 뜻. 너희 주(主)이시고 너희들의 옛 선조의 주(主)이셨던 분이다. 그러나 그들은 의심을 품고 희롱하고 있다. 하늘에서 분명한 연기가 퍼져 나오는 날을 그대는 기다리고 지켜보아라."(44:8-10) "우리가 하늘과 땅 사이에 있는 모든 것을 창조한 일은 장난삼아 한 것이 아니다. 진리에 의한 사업이다. 다만 그들 대부분은 이를 모른다."(44:38-39) "경건한 사람은 안전한 곳으로 들어간다. 낙원의 샘물 사이로 들어가 명주나 비단을 두르고 마주 앉는다.)(44:51-53)

인간의 '의심'과 '희롱'은 종교적으로는 신앙을 해친다. 종교적 진리를 믿지는 못할망정 희롱(戱弄)해서야 되겠는가! 신의 천지창조는 진리를 향한 열정이자 우주의 대사업이다. 종교가 품고 있는 교육은 그것을 지향한다. 그 경건한 신앙의 궁극 지점에서, 낙원의 삶이 포근하게 내세를 감싼다. 이어서 기록된 제45장은 「꿇어 엎드리는 자의 장」이다.

"선을 행하는 사람은 그 보수가 자신에게 돌아가고, 악을 행하는 자도 그 보수가 자신에게 돌아간다."(45:15) "그들은 말한다. '존재하는 것은 이 세상의 생활뿐이다. 죽고 산다는 것뿐이다. 우리를 멸망케 하는 것은 다만 때[時: time]다.' 그들은 아무 것도 모르며 억측(憶測)할 뿐이다."(45:24)

'선을 행하는 사람은 그 보수가 자신에게 돌아가고, 악을 행하는 자도 그 보수가 자신에게 돌아간다.'라는 구절을 보니, 『명심보감(明心寶鑑)』의 첫 대목이 떠오른다. '착한 일을 한 사람에게는 하늘이 복으로 갚고, 착하지 못한 일을 한 사람에게는 하늘이 화로 갚는다!' 위선자(爲善者), 천보지이복(天報之以福). 위불선자(爲不善者), 천보지이화

(天報之以禍)!

어떤 신앙이나 종교성에 심취할 때, 인간은 그렇게 믿는다. 교육을 하는 이유도, 특히, 도덕적 가치를 부여하면, 이런 의미를 지향하기 쉽다. 정말 그럴까? 무신론(無神論)이나 가치중립적 사유에 집중하면, 다른 생각이 떠오를 수도 있다. 좋은 일을 실천하는 사람에게는, 진짜로, 하느님이 행복을 주실까? 나쁜 일을 행하는 사람에게는, 진짜로, 반드시, 하느님이 재앙을 내리실까? 눈으로 보이는, 존재하는 현실만을 고려하는 인간에게, 선악(善惡)과 화복(禍福)은 '타이밍(timing)으로 압축되는 운수(運數)와 기회(機會)에 의존한다. 그것은 인간이 자신의 아집(我執)이 꿈꾸는 억(憶)이자 측(測)이다. 무엇보다도 우울해질 수 있는 생각, 이리저리 재어보다가 협곡(峽谷)으로 빠져버리는 대혼란이다. 어쨌건, 실제나 사실 여부와 관계없이, 교육을 삶의 숙명으로 처리해나가는 인간은, 선(善)이 복(福)이고 악(惡)이 화(禍)의 근원이라는 이상을 고민할 수밖에 없다.

제46장 「사구(砂丘)의 장」은 부모에 관한 견해와 인생의 자세를 지시한다. 부모라는 존재는 동서고금을 막론하고 모든 인간의 존재 근거다. 생물학적 차원과 동시에 사회적 유전자를 정확하게 물려준, 내 삶의 바탕이다. 그것은 무조건적으로, 생각하기에 따라서는, 신을 초월하는 믿음의 최후보루(最後堡壘)일 수도 있다. 『꾸란』은 다음과 같이 명확하게 명령한다.

> "알라 신은 인간에게 '부모를 친절하게 모시라!'고 당부하였다. 인간의 어머니는 괴로워하며 잉태(孕胎)하고 괴로워하며 출산(出産)한다. 잉태와 이유(離乳)에 30개월이 걸린다. 성년이 되

고 40세에 이르면, '주여, 당신께서 저와 부모에게 베푸신 은혜에 대해 감사하게 해 주소서! 당신께서 기뻐하실 선행을 저에게 실천하게 해 주소서! 저의 자손 가운데 저를 대신하여 당신을 공경하는 사람이 되게 해 주소서! 저는 당신께 잘못을 뉘우치고 깨달으며 귀의(歸依)하겠습니다.'라고 말한다. 이러한 사람의 경우, 그 소행 가운데 최선의 것을 받아들이고, 악행은 눈감아 준다. 그들은 낙원에서 살게 될 것이다. 이것이야말로 그들에게 보장된 진실한 약속이다."(46:15-16)

제47장 「무함마드의 장」은 의미심장한 교육철학적 언표를 제기한다. 가르침과 식별, 현실인식과 삶의 태도에 관한 준엄한 심판을 고려한다.

"명령을 따르고 옳은 일을 말하는 것은 좋다. 그러나 일단 일이 결정되면 알라 신께 충실하게 따르라. 그것이 그들에게는 최선의 일이 된다."(47:21) "우리에게 그럴 마음이 있으면, 그대에게 그들을 가르쳐 줄 수도 있다. 그들의 모습으로 그대도 식별할 수 있다. 그들이 지껄이는 한 가지로도 바로 알 수 있다."(47:30) "이 세상의 생활은 놀이와 향락에 불과하다. 너희들이 신앙을 가지고 경건하기만 하면, 알라 신께서는 반드시 너희들에게 대가를 지불한다. 알라 신께서는 너희들의 재산을 결코 탐내지는 않는다."(47:36) "너희들은 알라 신으로부터 희사(喜捨: zakāt)를 하도록 요구받고 있다. 너희들 가운데 욕심쟁이도 있으나 탐욕스런 자는 스스로가 탐욕의 책임을 져야 한다. 알라 신께서는 부유한 분이시지만 너희들은 가난한 자다. 너희들이 등을 돌리고 사라져 가겠다고 하면, 알라 신께서는 다른 사람으로 대치한다. 이들은 너희들과 같은 무리가 되

지는 않을 것이다."(47:38)

몇몇 개념이 연속으로 꼬리를 물고 일어선다. 옳은 일을 가르칠 마음, 인간 식별, 현실의 놀이와 향락, 경건함에 대한 대가, 희사의 요구, 탐욕에 관한 자기 책임, 가난을 부유하게 만드는 법. 이런 도덕적 가치는 필연적으로 교육에 스며든다. 하지만 그 실천의 계기는 개인에게 맡겨져 있다. 놀이와 향락을 통해 탐욕을 즐길 것인가? 경건과 희사를 통해 부유함으로 나아갈 것인가? 그것은 현실을 덮고 있는, 저 자욱한 연기를 어떻게 걷어낼 것인지, 옳은 일에 대해 말하고 있는지, 교육받은 인간의 언행이 관건이다.

『꾸란』48: 교육적 승리의 요건, 정적(靜寂)과 자제(自制)

2022. 4. 13. 8:15

승리(勝利)는 세상을 살아가면서 상황을 극복하고 사태를 유리하게 만들어 나가는 작업이다. 다시 말하면, 인생의 풍파와 '겨루어 이기는 일'이다. 그것은 경쟁을 불러오고 이기는 일은 이득이나 이익을 가져온다. 종교적 신앙의 형태로는 신의 진리를 수행하며 낙원으로 인도되는 과정으로 묘사된다. 『꾸란』 48장 「승리의 장」은 무함마드가 메디나에 있을 때의 계시로 전체 29절의 짧은 기록이다. 신앙심의 단계에서 울려 퍼지는 교육적 처세와 차분함이 삶의 방법적 원리를 보여준다.

> "알라께서는 믿는 사람들의 마음에 신앙심을 보다 깊게 심으려 하고, 정적(靜寂)을 주신다."(48:4)

'정적(靜寂)'은 문자 그대로 '고요하여 잠잠함'이다. 고요는 움직임을 품는다. 이른바 '정중동(靜中動)'의 세계를 통해 세상의 가능성을 잉태한다. 교육이라는 삶의 현상을 실천하기 전에, 정적은 교육의 모든 가능성을 고요의 양식으로 잠잠하게 피어날 준비가 되어 있다. 신앙도 그렇지만, 인간의 행위는 정적을 딛고 분출된다. 때문에 정적은 교육의 위대한 전제(前提)다. 그것은 교육적 의지로 움트고, 교육의 바다를 이룬다. 특히, '자제(自制)'와 연결되어 유기체적 메커니즘을 형성할 때, 교육은 삶에 생기를 불어 넣는다.

> "믿지 않는 자들이 그들 마음에 우매(愚昧)하고 포악(暴惡)한 마음, 즉 무지(無知)시대의 포악한 마음을 품었을 때, 알라 신께서는 사도와 믿는 사람들에게 정적을 주며, 굳게 자제하라고 말한다."(48:26)

우매하고 포악한 마음은 교육의 적극적 대상이다. 특히, 무지와 결합한 포악은 교육을 적극적으로 요청한다. 어리석을 뿐만 아니라 사리에 어둡고, 사납고 모진 심성을 지닌 존재들의 향연은 세상을 혼란으로 몰아넣는다. 시대의 반역을 일삼으며 아집과 사익으로 가득한 시간을 즐긴다. 달빛조차 사라진 어둠 자체다.

그 어둠이 정적(靜寂: stillness, silence)을 만든다. 이 긴 침묵은 묵시록(黙示錄)을 남긴다. 고요 속에 보이는 자『꾸란』의 기록은 자제(自制: self-control, restraint)를 통해 빛을 내보내며 행진을 계속한다. 그 조절의 양상은 다양하다. 강력한 것은 햇빛처럼 찬란하다. 부드러운 것은 달빛처럼 은근하다. 교육은 다름 아니다. 정적의 마당에서, 자제를 통해, 세상을 밝게 비추어 나가는, 인간의 지상 명령이자 사명이다.

『꾸란』49 소리를 낮추는 차분함의 공정성

2022. 4. 18. 16:23

『꾸란』의 기록은, 어디를 보아도 엄중(嚴重)하다. '거짓'과 '불의'에 대한 선전포고다. 그것은 교육의 지향을 분명하게 만드는 궁극 지침이다. 『꾸란』의 제49장 「방(房)의 장」은 교육의 소리에 균형미를 전한다.

> "예언자의 소리보다 높은 소리를 내서는 안 된다. 서로 소리를 높여 말함으로써 예언자가 소리를 높이게 해서는 안 된다. 이는 너희들 자신도 모르게 너희들의 소행이 무(無)로 돌아가지 않도록 하기 위해서다. 소리를 낮추는 사람은 알라 신께서 그 마음에 있는, 신을 공경하는 생각을 시험하는 자다. 이러한 사람에게는 관용과 위대한 보수가 주어진다."(49:2-3)

교육은 '소리'다. 좋은 소리는 '복음(福音)'으로 우리 앞에 나타난다. '관음(觀音)'으로 내면을 파고든다. 그것은 말과 글, 그리고 사람과 사람 사이에, 기운생동(氣運生動)의 느낌으로 전달되는 울림이다.

종교에서 예언자는 교육에서 사회의 지도급 원로이자 교사에 해당한다. 아무리 우수하고 똑똑하더라도 일반 사람이나 학생이 사회지도급 인사나 교사보다 높은 소리를 내서는 곤란하다. 소리를 높이며 자기주장을 하다 보면, 그 소리가 더욱 높아지게 마련이다. 높아지는 소리에는 영혼이 깃들 수 없다. 영혼 없는 소리는, 빈 깡통을 두드리는 요란함처럼, 허공을 가르는 메아리로 사라질 뿐이다. 소리가 높아지는 만큼, 행위는 무의미한 발걸음을 재촉한다. 때문에 소리를 낮추기 위한 사유와 그 사유를 따라 나서는 겸손과 겸양이 교육의 담론을 형성한다.

소리가 낮아지지 않고 아집이나 고집으로 팽팽하게 대립할 때, 그 싸움은 처절할 수밖에 없다. 중재할 수 있다면, 다행이다. 아니면 철저하게 투쟁해야 한다.

> "믿는 사람들이 두 파로 갈라져 싸우게 된다면, 너희들이 양자를 중재해 주어라. 양자 가운데 어느 한쪽이 다른 한 쪽에 죄를 범했다면, 그들이 알라 신의 명령을 받기까지 너희들도 그들과 싸우도록 하라. 가라앉으면 양자 사이를 공평하게 진정시켜라. 그것이 공정하게 만드는 일이다."(49:9)

교육받는 사람이 전쟁을 벌이듯이 싸우는 경우는 상당히 드물다. 그러나 두 파로 갈려 싸우는 경우에는 사상 투쟁을 겪고 있는 상황이다. 이는 지적 이익이나 진리의 편파성으로 인해 드러나는 현상이기도 하지만, 이해의 방향을 달리 하기 때문에 표출되는 대립 양상이기도 하다. 그렇다면, 사유의 깊이를 더해 차분한 상태를 지속하며, 둘 사이를 진정시켜야 한다. 둘 다 의미 있는 내용을 담보할 수 있기 때문에, 공평(公平)의 잣대를 충분히 고려해야 한다. 그것이 공정(公正)을 이끄는 길이다. 공평과 공정의 저울대는 상대에 관한 배려와 고려다.

> "어떤 백성이나 다른 백성을 비웃으면 안 된다. 이것이 그것보다 훌륭한지도 모르니까. 또 여자들도 다른 여자들을 비웃어서는 안 된다. 이것이 그것보다 훌륭한지도 모르니까. 너희들 서로가 험담을 해서는 안 된다. 나쁜 별명을 붙여서도 안

된다. 신앙을 갖기 시작한 이후에 사악한 이름을 붙인다는 것은 나쁜 짓이다. 되도록 억측을 피하라. 어떤 종류의 억측은 죄이다. 서로가 살피고 험구해서는 안 된다."(49:12)

사람을 비웃고, 뒤에서 험담하고, 나쁘게 부르고, 억측하는 일은 교육의 적이다. 비웃음은 자신의 몸에 더러움을 입힌다. 험담은 자신을 격하시킨다. 다른 사람을 나쁘게 부르는 만큼 자신도 나쁘게 불리기 마련이다. 억측은 억측의 강도만큼이나 거짓을 증가시킨다. 교육은 비웃음보다는 격려를, 험담보다는 칭찬을, 나쁘게 부르기보다는 장점을 고무하는, 억측보다는 사실을 고민해야 한다. 이슬람이 교육적일 수 있는 근거는 이 지점을 넘지 않는다. 다른 사람의 장점을 인정해가며 북돋아 주어도 될까 말까 한 세상에서, 남의 단점만을 들추어내어 헐뜯고, 험상궂은 욕을 퍼부어 대서야 되겠는가! 험구(險口)는 금물이다!

그러기에 제50장 「카프의 장」에는 아주 짧지만 "선행을 방해하고, 규칙을 파괴하며, 의심을 품는 자"(50:25)에 대한 엄벌을 경고한다. 경고의 반대편 언표는 간단하다. 선행은 권장되어야 한다. 규칙은 수호되어야 한다. 의심은 해소되어야 한다! 제51장 「흩어지게 하는 것의 장」에서는 "허위에 말려든 자는 어디까지나 허위 속에 있다. …… 혼란의 홍수 속에 있으며, 정신이 망연(茫然)하다."(51:9-11) "교훈은 믿는 사람에게 유익하다."(51:55)와 같은 기록을 통해 이슬람 교육의 핵심을 다시 강조한다. 허위에 말려들지 말라! 허위는 또 다시 허위를 낳고, 그 허위를 더욱 높은 수준에서 꾸며나간다! 대신, 끊임없이 교훈을 창출하라! 교훈은 삶에 유익한 영혼의 스승이다.

『꾸란』50: 수고한 만큼의 보상

2022. 4. 19. 12:15

『꾸란』 제52장~제54장은 「산의 장」, 「별의 장」, 「달의 장」이다. 모두 무함마드가 메카에 있을 때의 계시다. '산'과 '별'과 '달'과 같은 자연을 모티프로 등장시킨 것이 재미있다. 짧은 기록이지만, 교육적 구절이 한두 줄 번뜩인다. 물론, 그 내용은 무미건조하다. 아니, 뻔하다. 그러나 그것은 음미할수록 게으른 인간에게 채찍을 가하는 명훈(明訓)이다.

① 제52장 「산의 장」: "사람은 누구든지 그 수고함에 따라서 보상을 받는 법이다."(52:21)

『명심보감(明心寶鑑)』「정기편(正己篇)」에 다음과 같은 교훈이 있다. 범희무익(凡戱無益), 유근유공(惟勤有功)! '공연하게 놀이만 하면 유익함이 없고, 부지런함만이 공적을 남긴다!'

그렇다면, 얼마나 부지런해야 할까? 교육이 그것을 조절할 수 있을까? '부지런함'이라는 자체가 이상학적 표현에 불과하지 않은가? 일상은 부지런함을 유도하기보다 게으름을 부추기는 경우가 많다. 특히, 긴장의 끈을 느슨하게 만드는 순간, 놀이의 유희(遊戱)가 엄습한다.

② 제53장 「별의 장」: "무거운 짐을 진 사람은 다른 사람의 짐을 지지 못한다. 사람은 누구든지 자기가 노력한 만큼 얻는

> 다. 그 노력의 성과는 조만간 나타나게 마련이다. 머지않아 넉넉한 포상으로 보답된다."(53:38-41)

인간은 누구나 힘이 있다. 힘이 없는 사람은 없다! 다만, 그 힘은 정도의 차이를 통해, 발휘하는 능력을 다르게 표출한다. 자신이 감당하기 힘들 정도의 짐을 진다면, 그 짐은 인생의 적(敵)이다. 원수(怨讎)다. 자신이 감당하기 적당한 짐을 졌다면, 그 짐은 인생의 복(福)이다. 행운(幸運)이다. 그렇다면, 내가 감당할 수 있는 짐의 무게는 어느 정도일까? 교육은 그 짐의 무게를 재는 저울일 수 있을까? 자신의 생각이 머무는 자리를 찾아, 등에 얹히는 짐의 무게를 재어 보라!

> ③ 제54장 「달의 장」: "우리는 수많은 하늘의 문을 열어 용솟음치는 물을 내리 퍼붓고, 대지로부터 수많은 샘을 솟아나오게 했다. 물은 이미 정해진 목적을 위해 모였다. 우리는 그를 널쪽과 못으로 만든 것을 가지고 실어 날랐다."(54:11-13)

여기서 물은 '노아의 홍수'를 가리킨다. 『바이블』「창세기」의 대홍수! 하나님은 죄악(罪惡)으로 물든 인간 세상을 보았다. 저 혼탁한 인류를 멸망시키기 위해, 40일 밤낮 동안 세상을 물로 가득 차게 하였다. 그러나 노아와 그의 가족, 지상의 동물 한 쌍씩은 이를 피했다. 이 엄혹한 물은 지상의 생물을 전멸시킬 수 있다. 악인(惡人)에게는 그렇게 멸망의 계시와 목적을 드러낸다. 그러나 선인(善人)에게는 삶을, 지상의 낙원을 부여한다. 이처럼 교육도 이미 정해진 목적을 향해 진보할까?

『꾸란』51: 언어의 위대성, 물과 불은 어디서 오는가?

2022. 4. 23. 9:28

『꾸란』의 제55장은 「자비로운 어른의 장」이다. 긴 제목만큼이나 주님께서 베풀 수 있는 은혜가 나열되고 구원의 양식이 가득하다. 삶에 대한 경계와 경고가 넘쳐난다. 교육적으로 아주 긴장할 만한 언표는 앞부분에 명시되어 있다.

> "자비로우신 그분은 이 『꾸란』을 가르쳐 주었다. 인간을 창조하여 인간에게 설명할 수 있는 재주를 가르쳐 주었다! 해와 달은 정해진 계산에 의해 운행되고, 별과 수목은 엎드려 절한다. 하늘을 높이 들어 올려 저울을 설치한 것은, 너희들이 지나치게 크게 계량하거나 지나치게 작게 계량하는 일을 동시에 하지 않도록 하기 위해서다."(55:1-9)

'인간에게 설명할 수 있는 재주를 가르쳤다'라는 것은 '말을 가르쳤다'는 의미다. '말'이 무엇이던가? '글'이라고도 하고 '언어(言語)'라고도 한다. 인간의 삶을 연결하는 부호이자 기호다. 다른 동물과 결정적으로 차이를 드러내는 인간만의 의사소통 양식이다. 그것은 교육을 가능하게 만드는 핵심이다. 아니, 교육 그 자체다.

언어는 교육의 실용이고 교육은 언어의 조성이다. 말을 하건, 하지 않건, 그것은 말을 중심으로 벌어지는 행위의 양태일 뿐이다. 침묵도 언어의 한 유형이다. 그 가운데 삶을 긍정적으로 성숙시켜나가는 진리의 은혜와 은총이 자리하고, 그 가운데 삶을 부정적으로 성장시켜

나가려는 인간 의지의 횡포가 자리한다면, 경계와 경고의 손발이 움직인다. 교육은 그렇게 은혜와 은총, 경계와 경고 사이에서 시소게임을 고민할 뿐이다.

『꾸란』 56장은 「사건의 장」이다. 사건은 이 세상의 종말이다. 종말(終末)을 이야기한다는 것은 교육적으로는 의미가 적다. 그러나 종교는 종말을 상정한다. 교육은 종말이 아니라 현실 삶의 질적 승화와 지속을 유도한다. 나선형(螺旋形)으로 나아가는 지속가능성에 대해 고민한다. 종교는 미래 삶의 영원을 갈망한다. 낙원의 꿀맛에 정착하기를 원한다. 그 사유의 진자(振子: Pendulum)가 사색의 계곡을 더욱 깊게 만든다.

> "너희들은 경작할 토지에 대해 생각한 일이 있는가? 너희들이 씨를 뿌리는가? 아니면, 씨 뿌리는 사람이 우리(알라 신; 선지자)인가? …… 너희들은 자기가 마시는 물에 대해 생각해 본 일이 있는가? 너희들이 그것을 구름으로부터 내리게 했는가? 아니면, 비를 내리는 존재가 우리인가? 너희들은 스스로 일으키는 불에 대해 생각해 본 일이 있는가? 불을 일으킬 나무를 길러준 것은 너희들인가? 아니면, 길러준 존재는 우리인가?"(56:63-72)

세상의 일은 '내가 직접, 주체적으로 행하는가?' '신이 창조해 준 것을 바탕으로, 내가 운용하는가?' 종교와 교육은 이 지점에서 혼란을 야기한다. 신(神)을 배제하고, 주(主)를 배타시하고, 나를 중심에 둔다면, 종교는 성립할 수 없다. 마찬가지로 종교교육도 존속하기 어렵다. 다만, 종교를 배척하지 않으면서도 교육을 질서 정연하게 만들어가려면, 신에 대한 경배를 전제하거나 잠시 유보하고, 신 가운데 자리하는 인간의 자발적 겸손(謙遜)을 들추어내야 한다. 더구나 자연과학적 이해를 더하면, 신의 절대적 존재는 더욱 힘들어진다. 땅은 이미 창조되어 있다. 땅위에 뿌려지는 씨앗은 무엇인가? 어디로부터 어떻게 왔을까? 물은 무엇인가? 어디에서 어떻게 오는가? 또 불은 무엇인가? 어디에서 어떻게 오는 걸까? 이 사념(思念)의 강을 다차원적으로 고려하면서, 물줄기를 만들어 내는 것이 교육 작용의 허실(虛實)이다. 그러기에 『꾸란』 57장은, 다시 현실의 삶을 확인하고, 생각의 허실을 결단한다.

> "이 세상의 생활은 한날 유희(遊戲)에 지나지 않는다. 향락(享樂)과 허식(虛式)이다. 너희들은 끊임없이 새로운 일을 꾸며대며 자랑하고, 재산 증식이나 자식 번창을 경쟁적으로 벌인다. 비유해서 말하면, 비온 뒤에 쑥쑥 자라나는 초목처럼 말이다. 배신자들은, 한때는 기쁘게도 한다. 하지만, 곧 시들어 빛깔이 누렇게 변한다. 이윽고 먼지가 되어 버린다. 내세에는 엄한 벌이 있기는 하다. 그러나 한편으로, 알라 신의 용서도 있고 기쁨도 있다. 이 세상의 삶이란 거짓된 향락일 뿐이다!"(57:20)

그런데, 저 알라 신의 '용서'와 '기쁨'이 교육으로 가능할까? 이 세상이 거짓으로 점철된 향락의 시공간에 사로잡혀 있다면, 교육은 어디에서 어떻게 침투해야 할까?

『꾸란』52: 희사로 실천되는 궁핍 해소

2022. 4. 24. 13:00

『꾸란』 제58장은 「이의(異義)를 제창하는 여인의 장」이다. 여기에서 여인은 한 남편의 아내다. 아내는 어떤 존재일까? 어떤 인간은 자신의 아내에 대해, '너는 우리 어머니의 등과 같다'라고 말하며 이혼하는 자도 있다. 그러나 아내는 너희들의 어머니가 아니다. 너희들의 어머니란 너희들을 낳은 사람이다.(58:2). 내가 눈여겨본 대목은 여인의 존재에 대해서다. 여인은 가냘프다! 약하지만 부드러운 심장의 가운데는 인류의 위대한 생명(生命)이 약동한다. 특히, 어머니는 그 생명의 산실(産室)이다. 그런 여인을 어찌 버릴 수 있겠는가? 절대 그럴 수 없다. 아니, 어떤 세상이건 그래서는 안 된다! 생명의 산실로 상징되는 여인과의 유기체적 연관을 지시하는 양식이 교육은 아닐까? 『꾸란』은 강력하게 인도한다.

> "서로 몸을 대기 전에 노예(奴隷) 한 사람을 자유롭게 해 주라. …… 두 달 동안 단식(斷食)을 계속하라. 가난한 사람 60명에게 식사(食事)를 대접하라."(58:3-4)

물론, 이는 종교적으로 알라 신과 그 사고를 믿게 하려는 배려에서 나온 언표다. 하지만, 교육적 배려도 이와 유사한 차원이 아닐까? 노예와 같은 인생이 있다면 해방해야 한다. 단식을 통해 배고픈 인생의 의미를 고민할 수 있어야 한다. 가난한 사람에게 식사를 대접하는 일이, 생명력을 돋우는 삶의 합리성은 아닐까? 그 하이라이트는 '희사(喜捨: zakāt)'다.

> "오, 믿는 사람들이여! 사도(使徒)에게 개인적 의논을 할 때는, 그보다 먼저 '희사'를 행하는 것이 좋다. 이는 너희들에게 최선이자 가장 깨끗한 일이다."(58:12)

희사[자카트]의 본래의 의미는 '정결(淨潔)'이다. 무함마드는 메카에 있을 때부터 자카트를 신자(信者)의 중요한 덕목으로 보았다. 때문에 그 지불을 끊임없이 호소했다. 하지만, 결코 강제적으로 시행하지는 않았다. 무함마드는 630년 이후, 새롭게 이슬람의 가르침에 따라, 아랍인들에 '사다카(Sadaqa)'라는 이름으로 가축과 대추야자 수확물에 대해 일정한 분량을 지불하도록 강제했다. 무함마드 사후, 초대[제1대] 칼리프(Caliph)였던 아부 바크르(Abū Bakr, 573~634)에 의해 제도로 굳어졌다. 이후 이슬람법에서는 이를 '자카트'라고 부르고, 이슬람 국가의 주요 재원이 되었다고 한다.

그런 만큼 '희사'는 이슬람교에서 의무적으로 부과하는 종교세(宗教稅)다. 이슬람교도에게 부과된 사실상의 재산세다. 희사는 자선(慈善)이라는 뜻으로도 사용되기도 하지만, '자발적 헌금(獻金: Sadaqa)'과는 구별된다. 자발적 헌금[사다까]은 무슬림에게만 한정되는 것이 아니다. 이는 시간과 장소에 관계없이, 인간의 측은지심(惻隱之心)이나 동정심(同情心)의 발동에 따라 실천하는 자발적 행위다. 하지만 자카트는 무슬림에게만 한정되는, 1년에 한번씩 내야 하는 의무적이고 법적인 종교세다. 그러기에 무슬림의 5대 의무 가운데 하나로 간주된다.

자카트가 부과되는 영역은 이슬람교도가 소유하는 '통화', '가축', '과일', '곡물', '상품' 등 다섯 부분이다. 이 모두가 1년 이상 소유한 것을 전제로 한다. 자카트는 그 부과율이 정해져 있다. 통화는 2.5%이고, 가축은 종류에 따라 차이가 있으나 0.8%~2.5%이다. 과일이나 곡물의 경우, 자연적으로 재배하여 수확했을 때는 10%이고 인위적으로 특별한 관개시설을 이용하여 수확했을 때는 5%이다. 상품은 연수에 따라 2.5%를 내는데, 금을 소유한 경우에는 5%, 은은 2.5%이며, 매장된 재화에 대해서는 20%를 부과한다.

자카트는 그 사용처가 의미심장하다. '가난한 순례자'나 '탁발승(托鉢僧)', '빚을 갚지 못하는 어려운 사람', '걸식(乞食)하는 사람', '가난한 여행자', '이슬람으로 개종(改宗)하려는 사람을 원조(援助)'하기 위한 뚜렷한 목적성을 지닌다. 때로는 모스크(Mosque) 건축이나 종교 행사에 사용되기도 한다. 무엇보다도 궁핍한 사람의 구제를 위해 존재하기 때문에 '구빈세(救貧稅)'라고도 한다. 그러나 자카트는 정부에 의해 공식적으로 징수된다. 때문에 일반적 차원의 구빈세와는 전혀 다른 성격이다. 현재는 일부 국가를 제외하고, 자카트의 의무가 개인의 자발적 행동으로 행해지고 있다. 대부분의 무슬림들은 모스크나 교육기관, 자선기관이나 이슬람 재무성 등을 통해, 자신이 원하는 곳에 자발적으로 자카트를 납부한다.

이런 희사 정신은 이슬람교의 사유와 직결된다. 이슬람교는 원칙적으로 사유재산과 빈부격차를 인정한다. 그러나 '지나친 재물 축적'은 바람직하지 않은 것으로 생각한다. 모든 재화는 개인의 영원한 소유물이 아니다. 유일신 알라의 것이다! 그러므로 이슬람교는 서로 나누고 돕도록 가르친다. 그 교육의 효과는 모든 성인 무슬림이 자카트의 의무를 지니게 했다. 물론, 무슬림이 아닌 사람이나 노예와 같은 처지의 사람, 미성년자나 가난한 사람은 자카트를 실천하지 않아도 된다. 의무가 없다.

이런 자카트 정신은 이슬람교육을 실천하는 근간이다. '정결(淨潔)' 한 마음가짐에서 시작하여 궁핍(窮乏)한 사람의 구제를 위한 일련의 조치에 이르기까지, 제도적 장치를 마련한, 저 자발적 희사야말로 교육의 궁극적 가치를 돌아보게 만든다.

『꾸란』53: 탐욕(貪慾)의 경계(警戒) 지대

2022. 4. 24. 13:46

『꾸란』의 제59장은 「추방(追放)의 장」이다. 무함마드가 메디나에 있을 때의 계시로 전체 13절이다. 메디나의 유대교인인 나디일 부족을 추방한 사건과 연관된다. 이들은 이슬람교를 믿지 않았다. 625년, 무함마드는 음모를 꾸미고 있던 나디일 부족을 메디나에서 추방한다. 기록이 짧다. 하지만 인간 세상을 마주하는 무함마드의 입장은 분명하다. 아주 명확하다. 그 명확함 가운데 교육적 시선이 간절하게 녹아든다.

> "알라 신이 그 고을[믿지 않은 자/반역자들/나디일 부족]에서 빼앗아 사도(使徒)들에게 준 전리품(戰利品)은 알라 신과 사도와 친족과 고아와 가난한 사람 및 나그네의 것이다. 이는 전리품이 너희들 가운데 부유한 자에게 넘어가지 않도록 배려했기 때문이다. 사도들이 너희들에게 내리는 것은 받고, 금지한 것은 받지 않는 쪽이 낫다. …… 또 전리품은 이주자(移住者) 가운데 가난한 사람들의 것이기도 하다. …… 그들이 오기 전에 이미 집을 이루고 살면서 믿음을 받아들인 사람들은 자기들이 있는 곳으로 이주해 온 사람들을 사랑하고, 그들에게 주어진 전리품에 대해 가슴 속에 아무런 욕망도 품지 않았다. 그들은 자기들이 가난할지라도 이주자들을 자기들보다 소중히 여겼다. 탐욕스런 마음을 갖지 않은 사람이야말로 번영한다."(59:7-9)

전승(戰勝)에는 반드시 전리품이 있게 마련이다. 알라 신의 염원은 전리품의 독식(獨食)이 아니다. 사도를 비롯하여 친족과 고아, 그리고 가난한 사람 및 나그네와 공유(共有)한다. 절대 부유한 자에게 넘어가게 두지 않는다. 사도들, 다시 말하면, 교육자들이 허용하는 내용들은 받아들인다. 대신, 교육자들이 금지하는 사안은 받아들이지 않는다.

무엇보다도 이주자에 대한 배려가 눈에 띈다. 이주자(移住者)는 정착인(定着人)이 아니다. 정착인들은 정착하고 있는 만큼 자신들의 권리를 주장하기 쉽다. 이른바 '텃세'를 부린다. 하지만 알라 신은 자비로운 은혜로 인간을 대한다. 교육받은 존재로 인간의 교양을 성취한 이주자들을 사랑한다. 이슬람교로 보면 신앙이지만, 교육으로 이해하면 교양 상식의 터득이다.

어떤 욕망도 품지 않고, 인간을 공평하게 맞이한다. 심지어, 자신들의 가난을 무릅쓰고도, 이주자들을 자기들보다 소중히 여긴다. 헌신이자 희생이다. 결코 탐욕스런 마음을 갖지 않는다. 그 경계(警戒) 지대는 교육의 마당이다. 교육의 활성화는 이 지점에서 확인된다.

『꾸란』54: 교육의 나침반

2022. 4. 27. 8:43

『꾸란』의 제60장 「시험받는 여자의 장」(전13절), 제61장 「대열(隊列)의 장」(전13절), 제62장 「집회의 장」은 모두 무함마드가 메디나에 있을 때의 계시로 상대적으로 짧은 기록에 해당한다. 알라 신이 베푸는 용서(容恕)와 자애(慈愛)를 비롯하여 은혜(恩惠)에 대한 증명과 귀의(歸依)를 재삼 강조한다. 교육적으로 노력할 필요가 있는 측면이 부분적으로 보이기도 하지만, 종교적 신앙이 압도적이다. 그 가운데 인간의 의도를 자율적으로 개입하여 교육을 추동할 만한 개념들이 곳곳에 보인다. 몇 가지를 나열해 본다.

> ① "신앙이 돈독한 사람들이여! 너희들에게로 도망쳐 오는 여자 신도가 있다면, 그녀들을 시험해 보는 것이 좋다!"(60:10)

시험(試驗)은 의미 있는 삶을 위한 지렛대다. 증명되지 않은 어떤 상황을 해소(解消)해 주는 유용한 도구다. 때문에 불확실한 사태로 점철된 문제 상황은, 시험을 통해, 풀이해 나가는 것이 합당하다.

> ② "아내가 신앙이 없는 자에게로 도망친다면, 너희들은 서로 희생을 치르지 않으면 안 된다. 도둑질 하지 않고, 간음하지 않고, 제 자식을 죽이지 않고, 멋대로 날조한 거짓말을 하지 않고, 올바른 일로 그대를 배반하지 않겠다고 맹세하면, 그대도 그 서약을 받아들이라!"(60:11-12)

종교에서 신앙이 없는 존재는 사탄(Satan)이다. 악마(惡魔)다. 악마는 배신과 배반으로 내면을 채운다. 때문에 신앙을 향한 길목에서는, 사탄을 물리치는데 상응하는 대가가 반드시 요구된다. 그것은 헌신이나 희생으로 드러나기 쉽다. 교육도 마찬가지다. 교육의 이념과 목표와 방법이 일그러질 때, 교육의 의미가 외면당할 때, 그에 상응하는 희생은 필연적이다. 교육을 맡은 사람에게는 두 가지 선택의 길이 자리한다. 외면당하는 만큼 교육을 포기하느냐, 그것을 극복하고 새로운 길을 모색하느냐다. 선택의 길목에서 조건이 있다. 거짓말, 간음, 살인, 배반 등과 같은 반교육적 요소를 강제로 퇴출하는 작업이다.

③ "귀의(歸依)하도록 권고하면서도 알라 신에 대해 거짓을 날조하는 자들만큼 불의(不義)한 자가 있을까? 알라 신은 불의를 행하는 인간을 인도하지 않는다."(61:7) "신앙을 가진 사람이여! 알라 신의 원조자(援助者)가 되라!"(61:13)

거짓을 날조하지 않고 정의를 실천하는 사람, 그들만이 교육에 생기를 불어 넣는 원조자다. 멘토(mentor)이자 멘티(mentee)로서, 인간 성숙의 자본이 된다.

④ "율법을 짊어지도록 허용해도 짊어지지 못한 자들은, 책을 짊어진 당나귀와도 같다."(62:5)

'소귀에 경(經)읽기!'라는 말이 있다. 아무리 훌륭한 지혜나 삶의 지침이 있더라도 무슨 의미인지 전혀 알아듣지 못한다는 뜻이다. 교육을 통해, 교양을 갖춘 인간이 되도록 모든 여건을 부여했음에도 불구하고, 교육의 짐을 지지 않는다? 다시, 다른 속담을 빌리자면, '말을 물가에 끌고 갈수는 있어도, 억지로 물을 먹일 수는 없다!' 물을 마시는 것은 말 자신이다. 귀를 열어 다문(多聞)하고 눈을 열어 다견(多見)하자! 세상을 경청(敬聽)하고 관찰(觀察)하는데 집중하고 몰입하는 삶! 교육의 나침반은 그것에 다름 아니다.

5월

Picking Flower
Helen Galloway McNicoll(Canadian, 1879-1915)

『꾸란』55: 탐욕(貪慾)의 억제와 반전(反轉)

2022. 5. 2. 11:53

『꾸란』은 뒷부분으로 갈수록, 그 기록이 짧은 형태로 드러난다. 알라 신에 귀의하라는 강압적 요청이 더욱 강화되는 듯하다. 무엇보다도 징벌(懲罰)과 구원(救援) 사이에서 심판(審判)의 날을 고려한다. 그것은 무섭기도 하지만 경건함 자체다. 이슬람의 교육철학도 그 가운데 녹아 있다. 이하 마지막 기록까지는 알라 신의 진리를 교육철학적 사유로 환원해 본다.

> "오, 믿는 자들이여, 너희들의 아내들이나 자식들 가운데도 적(敵)이 있을 것이다. 그들을 경계하라. 하지만, 너희들이 용서하고 보고도 못 본체 참아 주겠다고 한다면, 진실로 알라 신은 너그럽게 용서하는 분이자 자비로운 분이다. 너희들의 재산이나 자식들은 하나의 시련에 지나지 않는다. 알라 신에게만이 위대한 보수가 있다. 따라서 힘써 알라 신을 공경하라. 귀를 기울여 복종하는 게 좋다. 희사를 잘 베풀어라. 그것이 너희들에게는 최선의 일이다. 자기 자신의 탐욕을 억제할 수 있는 자만이 번영한다."(64:14-16)

가장 친한 존재에게도 적(敵)과 같은 상대방, 경쟁의 대상은 존재한다. 애써 모은 재산이나 궁리 끝에 터득한 지식과 같은 긍정적 측면도 시련(試鍊)으로 환원한다, 식자우환(識字憂患)이라고나 할까! 적군이나 아군을 막론하고, 적과 같은 상대방이나 내면의 시련은 삶의 긴장을 강화한다. 경계의 대상이다. 문제는 그것을 대하는 양식이다. 이슬람은 용서와 경청, 그리고 희사를 고려한다. 무엇보다도 탐욕의 억제를 강조한다. 유학의 '존천리알인욕(存天理遏人慾)처럼, 우주자연의 질서를 보존하고 인간의 욕망을 막는 사안과 닮아 있다. 그런 만큼, 인간의 욕망을 조절하는 교육의 향연을 요청한다. 그 시선(視線)은 세상을 제대로 보는 '혜안(慧眼)'과 '통찰(洞察)'에 의거한다. 그러기에 『꾸란』은 말한다.

> "눈을 제대로 들어 보는 것이 좋다. 그대는 뭔가 결함이라도 볼 수 있는가? 이제 또 한 번, 그대는 눈을 들어, 제대로, 잘, 보라. 그 시선은 반전(反轉)을 당하며 지켜서 본디로 돌아갈 뿐이다."(67: 3-4)

『꾸란』56: 붓이 기록하는 힘

2022. 5. 2. 13:12

『꾸란』의 제68장은 「붓의 장」이다. 무함마드가 메카에 있을 때의 계시로 전체 52절이다. 교육이 '붓을 다루는 행위'와 밀접하기에 의미가 더욱 보태진다.

> "눈을 붓에 걸어서, 그들이 기록하는 일에 걸어서, 네 주(主)께서 베푸는 은혜 덕분에, 너는 잡다한 귀신에 들린 자가 아니다. 그대에게는 무한한 보수가 주어지리라. 그대는 위대한 덕성을 갖춘 자다. 언젠가는 그대도 보고, 그들도 보리라. 너희들 가운데 누가 잡다한 귀신에 들린 자인가를. 주께서는 길 잃은 자를 잘 아는 분이다. 인도하는 자를 잘 아는 분이다. 그러므로 그대는 거짓말쟁이를 따라서는 안 된다. 그들은 그대가 타협하는 걸 바라고 있지만, 그렇게 되면 그들도 타협하려는 속셈이 있는 것이다. 그대는 단연코 좋아하지 마라. 경솔하게 맹세를 세우는 하찮은 자에게는. 중상(中傷)을 밥 먹듯 하고, 남의 흉만 보고, 착한 일을 훼방하고, 규정을 어기는 죄 많은 패거리들, 난폭한 데다 타고난 성품이 거칠고, 재산이나 자식이 있는 걸로 뽐내는 자들에게, 이와 같은 패거리들은 우리들의 표적이 낭독되면, '옛사람의 전설'이라 비아냥거린다."(68:1-15)

교육학적 위안은 '위대한 덕성'에서 돋보인다. 위대한 덕성을 갖춘 사람! 위대한 덕성으로 인해, 인간은 교육적 가능성을 충분히 지닌 존재다. 그것만이 인간의 인간됨과 인간다움을 담보하는 힘이다. 잡다한 귀신에 들리지 않는 사람! 이로 인해 인간은 모순과 혼돈의 도가니를 막아서는, 순수한 인간의 시대를 정직하게 이끌어낼 수 있다.

그리하여 교육은 요구한다. 거짓말쟁이를 따라 나서지 말라! 거짓과의 타협은 또 다른 사기(詐欺)를 조장한다. 경솔하게, 처리하지도 못할 일을, 맹세하는 존재와는 결코 친밀한 관계를 거부하라. 중상모략, 비방, 훼방, 조폭, 자기자랑만 늘어놓는 자들은 시건방진 행동으로 자신을 망가뜨린다. 교육은 철저하게 시건방진 존재에게 겸손을 명령할 뿐이다.

『꾸란』57: 기도의 향연에서 보내는 경고

2022. 5. 3. 12:54

『꾸란』의 제70장은 「계단의 장」이다. 무함마드가 메카에 있을 때의 계시로 전체 44장이다. 기록의 시작은 다가올 징벌이 어떤 것인지 묻는 데서 시작한다. 아무도 막을 수 없는, 믿지 않는 자들에게 내릴, 그 징벌은 천사가 오르내리는 계단의 주인이신 알라 신으로부터 가해진다. 이유는 간단하다.

> "참으로 인간은 복잡하게 꾸며져 있다. 한 번 재난을 만나면 불안해하고, 한 번 행운이 찾아들면 인색해진다. 그러나 예배를 잘 지켜 드리는 자는 다르다. 그들은 언제나 예배를 드리고, 재산 가운데 일정한 액수를, 구걸하는 자나 구걸까지는 하지 않더라도 곤경에 처한 자를 위해 희사한다."(70:19-25)

복잡한 인간 세계는, 근원적으로 인간에게 삶의 의미를 던져 놓는다. 삶은 복잡하게 꾸며진 인간 세계를 파악하고 장악하기 위한 노력으로 점철된다. 그 중심에 교육이 자리한다. 재난은 불안을 던지고, 행운은 인색한 성격을 형성한다. 재난도 행운도 모두 교육의 대상이다. 그 교육은 예배(禮拜)와 같은 경의와 감사를 담는다. 그 끝에는 언제나 희사와 같은 봉사와 헌신, 인간에 대한 배려가 자리한다. 그래서 교육은 늘 타자를 향한 배려로 나아간다.

배려는 기도(祈禱)를 타고 인간 세계로 스며든다. 기도는 습관화를 거쳐 정착될수록, 교육적 의무감에 휩싸인다. 『꾸란』 73장의 「옷을 뒤집어 쓰는 자의 장」에 '밤의 기도'가 던지는 메시지가 보인다.

> "밤에는 약간의 시간을 제외하고는 기도하라. 밤의 절반으로 하든가, 그것을 보다 단축해도 좋다. 조금 더 연장해도 좋다. 그리고 『꾸란』을 소리 내어 읽거나 외우라. 우리는 그대에게 장중(莊重)한 말을 들려주려고 한다. 밤의 시초는 참으로 힘찬 추이(推移)다. 그만큼 말소리는 명확하기 이를 데 없다. 낮에는 그대에게 오랜 시간 동안 해야 할 일이 있다."(73:2-6)

낮은 역동적이다. 낮은 일로 분주하다. 하지만, 밤은 고요하다. 밤은 휴식이다. 고요와 휴식은 '기도'라는 장중한 향연을 이끈다. 일은 시간에 따라 상황을 바꿔 나간다. 밤은 그 변화의 단초다. 단초는 삶의 근원을 형성하고 말을 분명하게 정돈한다. 교육은 기도의 향연 가운데 더욱 깊어지고 보다 넓어진다. 기도의 향연에 취하고 다져진 인생은, 이제 제74장 「겉옷을 걸치는 자의 장」으로 승화한다.

> "겉옷을 걸치는 자여! 일어나서 경고하라! 그대의 주님을 찬양하라! 그대가 입을 옷을 깨끗하게 마련하라. 부정한 것을 피하라! 여분(餘分)의 보수를 미리 생각하면서 베풀지 마라! 그대의 주님을 위해 참고 견디어라!"(74:2-7)

이 기록은 '무함마드에게 내린 최초의 계시'라고 전해진다. 겉옷을 걸치는 자! 그대는 교육받은 인간이다. 그대의 심성을 일으키는 만큼 경고(警告)의 진실이 각인된다. '주님'으로 상징되는 '진리의 기준에 대한 찬양', '깨끗한 옷', '부정의 회피', '진정한 베풂', 그리고 인내! 이러한 자각은 경고하는 사람에게 별안간 일어난다. 그 별안간, 발생의 순간, 교육의 효과가 눈부시게 연출된다.

『꾸란』58: 인간으로 불릴 만큼의 일도 없었던 시기

2022. 5. 3. 13:18

『꾸란』 76장은 「인간의 장」이다. 다시, 또다시, 인간이란 무엇일까? 왜 사는가? 그때도 인간이었고 이때도 인간이다. 이 무슨 조화(造化)의 세계인가? 아니, 어떤 조화(調和)의 세계일까?

> "인간에게는 인간으로 불릴 만큼의 일도 없었던 시기가 있지 않았을까? 우리는 인간을 시험하기 위해 뒤섞은 한 방울로, 그것을 만들어 주고, 죄와 눈을 달아 주었다. 우리는 그것에 길을 가르쳐 주었다. 감사하는 자에게도, 감사하지 않는 자에게도."(76:1-3)

인간으로 불릴 만큼의 일도 없었던 시기! 그것은 완벽하게, 교육받지 못한 인간들이 우글거릴 때였으리라. 그런 때가 언제였을까? 과거 어느 때였을까? 현재 여기 이때일까? 인간은 시험(試驗)이라는 사다리를 타고, 죄와 눈을 달고 있다. 죄로 나아가고, 죄에서 벗어나고, 눈으로 보고 길을 간다. 모든 이들이 거쳐야 할 길, 그것은 교육이라는 천장지구(天長地久)다.

> "인간 스스로가 노력해 온 일을 상기하는 날, 보는 자의 눈에 지옥의 불빛이 비칠 때, 거만하게 행동하고, 현세의 쾌락 생활을 좋아한 자에게는 지옥의 불길이 그 집이 되리라. 하지만 주(主)의 앞에 서길 두려워하고 영혼에 욕정을 허락하지 않는

인간에게는, 낙원이 그 집이 될 것이다."(79:35-41)

지옥의 불길이 치솟는 시공간은 분명하다. 거만(倨慢)하고 일상의 쾌락(快樂)에 빠진 존재들! 대신, 욕정(欲情)을 물리친, 교육받은 존재의 앞길엔 낙원의 동산이 놓인다. 허나, 다시, 또다시, 길의 주변을 성찰해야 하는 시공간이 다가온다.

"인간들은 미간을 찡그리고 등을 돌려댄다. 시각 장애인이 곁에 왔기 때문이다. 어떻게 알았을까? 그들이 몸을 깨끗하게 할지도 모르는데. 교훈을 받고, 그것이 유익할지도 모르는데! 그런데 아무 용무도 없는 패거리들에게, 왜 그토록 신경을 쓰는가! 그가 몸을 정갈하게 했다고 한들, 당신과는 아무 상관이 없다. 그러함에도 열심히 구하며 당신에게로 오는 자로서, 항상 외경(畏敬)을 생각의 중심에 두는 자에게, 당신은 전혀 신경을 쓰려고 하지 않는다. 이것이야말로 정말 교훈이다. 소망하는 자에게는 그것을 염원하게 하라. 그것은 거룩한 성전에 기록되어 있다! 지고(至高)하게 정화된 것. 고귀(高貴)하면서도 조심스러운.(80:1-16)

『꾸란』59: 영혼의 파수꾼

2022. 5. 3. 13:34

『꾸란』 제86장은 '밤의 방문자'에 관한 기록이다. 밤의 방문자란 무엇일까? 밤에는, 그 모든 시간과 공간을 가로 세로로 엮으며, '기도(祈禱)'하라고 했다. 기도는 교육의 시금석(試金石)이다.

"하늘과 밤의 방문자를 걸어, 밤의 방문자가, 무엇인가를, 누가, 너에게 가르치는가? 그것은 섬광(閃光)을 발하는 별을 말한다. 모든 영혼에는 파수꾼이 있다! 인간에겐 자기가 무엇으로 만들어졌는가를 상기하게 하라. 그것은 뿜어 나오는 물로 만들어졌다."(86:1-6)

저 순간적 번쩍임, 그 빛 사이로 영혼이 춤춘다. 천사의 날개를 펼치며 지상(地上)과 천상(天上)의 계단을 오르내린다. 영혼의 파수꾼을 따라, 교육도 호흡을 고른다. 그 교육은 '지고한 어른'을 지향한다. 『꾸란』의 기록은 말한다. 신이 헤아리는 인간 세계를 고려하라고.

"알라 신은 소리 높여 읽는 자도, 남몰래 읽는 자도, 잘 헤아려 안다. 우리는 너희들에게 쉽게 풀이해 준다. 그러므로 그대는 가르쳐 주어라. 가르침을 받는 것이 도움이 된다면. 두려워하는 자는 교훈을 받아들인다. 이를 피하려는 인간은 가장 불쌍한 자다."(87:7-11)

가장 불쌍한 존재! 그것은 교육과 직결된다. 가르침의 교훈을 피하려는 인간! 인간에게 부여된, 교육의 기저들을 외면하려는가?

"우리가 부여하지 않았는가? 두 눈과 하나의 혀와 두 입술을! 우리는 그를 두 갈래의 길로 인도해 주었다. 그러나 그는 험난한 산길로 들어가려고 하지 않았다. 험난한 산길이 무엇인가를 누가 너에게 가르쳐 주겠는가! 그것은 노예와 같은 존재를 해방해 주는 일이다. 굶주림에 허덕일 때 음식을 주는 일과 같다. 있는가? 궁핍한 고아가. 땅에 엎드려 있는 가난한 사람에게 베푸는 일과도 같다. 믿으면서 서로 인내를 권하고, 서로 자비를 권고하는 사람들의 친구가 되는 일이다."(90:8-17)

『꾸란』60: 과거 종합(綜合)의 '붓', 미래 통섭(統攝)의 '미지(未知)'

2022. 5. 6. 14:47

교육은 인생의 고락(苦樂)을 조절하는 마당이다. 교육받은 사람은 즐거움 가득한 낙원의 동산에 머물고, 교육받지 못한 사람이나 교육을 거부한 사람은 괴로움 가득한 고통의 공간을 누빈다. 그것이 보통 사람의 염원이다. 『명심보감』「정기편(正己篇)」에서도 언급했듯이, '편안함은 수고하는 데서 생겨 늘 좋은 상황을 연출하고, 즐거움은 걱정하는 데서 생겨 늘 싫지 않은 상황을 빚어낸다. 일할 때마다 편안하고 즐겁게, 또 그러려고 하는 사람은 그 걱정과 수고를 잊을 수 없다! 일생어노이상휴(逸生於勞而常休), 락생어우이무염(樂生於憂而無厭). 일락자(逸樂者), 우로기가망호(憂勞其可忘乎)! 『꾸란』 제94장 「확장의 장」이 기록하고 있는 계시는 그런 교육의 장면을 간구한다.

> "우리가 그대의 가슴을 펴주고 무거운 짐을 덜어 주지 않았는가? 네가 등에 진 그것을. 또 그대의 명성을 드날리게 해주었다. 괴로움은 즐거움과 더불어 있고, 즐거움은 괴로움과 더불어 있다. 여가가 있으면 괴로움을 새겨, 그대의 주님께 간구하라."(94:1-8)

가슴을 펴주는 교육은 열린 마음(open mind)을 강조한다. 마음은 열리는 만큼 무거운 짐을 덜어준다. 무거운 짐을 다른 사람과 나누어 짊어질 수 있도록 소통하며, 그럴 가능성을 높이기 때문이다. 등에 진

짐을 어떻게 처리하느냐? 그 방식의 차이만큼 명성은 다르게 드러난다. 고락의 사이 세계를 누비며, 교육의 의미를 고민하면, 인생의 진로가 자연스럽게 드러나기 마련이다.

그런 교육의 의미는, 알라 신이 보낸 근원적 메시지, 즉 최초의 계시를 돌아보면 본질을 확인할 수 있다. 『꾸란』 제96장 「응혈(凝血)의 장」이 의미심장함을 보탠다. 「응혈의 장」은 무함마드가 메카에 있을 때의 계시다. 전체 19절이다.

> "읽어라! '창조주(創造主)이신 당신 주님의 이름으로. 주님은 응혈로부터 인간을 만들어 주셨다!' 읽어라! '당신의 주님은 한없이 마음 넓으신 분, 붓 잡는 법을 가르쳐 주시고, 인간에게 미지(未知)의 일을 가르쳐 주셨다.' 그러나 인간은 교만하여 스스로 충분하다고, 자아도취에 빠지고 있다. 그가 돌아갈 곳은 주님 곁. 너는 어떻게 보는가? 훼방 놓은 자를. 한 사람의 종이 기도할 적에."(96:1-10)

앞에서 언급한 제74장(1-7절)의 계시와 더불어, 이 기록도 알라 신이 무함마드에게 내린 최초의 계시라고 전한다. 그러나 어느 것이 더 오래된 계시인지는 확인하기 어렵다.

계시의 내용은 한랭(寒冷)의 엄격성과 강경(强勁)의 엄중이 인간을 구속하는 듯하지만, 매우 온유(溫柔)하다. 응혈(凝血)의 창조가 빚어내는 기운은 원초적 교육을 상징한다. 붓 잡는 법과 미지의 세계를 일러주었다. 그것은 교육의 속성이 '붓'으로 상징되는 글공부로부터 '미지의 일'로 대변되는 세계 탐구의 길임을 지시한다.

그렇다면, 교육에 임하는 사람이여! 과거를 종합(綜合)하는 의미의

'붓'을 잘 잡으시라! 그리고 또, 미래를 통섭(統攝)하는 의미의 '미지의 일'을 찾아 나서라!

『꾸란』61: 인내를 권장하는 가운데 신의 가호가

2022. 5. 9. 0:12

지난 4개월 남짓 독해한 『꾸란』의 기록, 그 교육철학의 마지막 장이다. 회갑(回甲)을 맞이하여 새롭게 시작하듯, 61번째 관찰로 마무리한다. 이슬람교의 깊은 바다를 유영(遊泳)한다는 건 정말 쉽지 않은 작업이었다. 익숙하지 않아서 그런지 너무 어렵기도 하고, 교육철학과 맞닿는 지점이 엄청나게 멀게 느껴지기도 했다. 하지만 『꾸란』을 진지하게 열독(熱讀)했다는 것 자체만으로도 감사할 따름이다.

제99장은 「지진(地震)의 장」이다. 무함마드가 메카에 있을 때의 계시로 전체 8절이다. 짧다. 하지만, 의미는 너무나 길다.

> "대지(大地)가 심하게 진동하고, 대지가 그 짐을 퉁겨내고. '어찌된 일인가'하고 사람들이 말할 때, 그날 대지는 모든 소식을 이야기하리라. 당신의 주님께서 계시한 것을. 그날 사람들은 삼삼오오(三三五五) 나타나서 자기가 행한 일을 나타내 보인다. 티끌 하나만큼이라도 선(善)을 행한 사람도 그것을 본다. 티끌 하나만큼이라도 악(惡)을 행한 자도 그것을 본다."(99:1-8)

티끌의 만큼의 실천이 어떤 결과를 가져오는가? 교육의 첫 단추를 어떻게 채우는가? 첫발을 어디에 디디는가? 등등 수많은 초발심(初發心)이 서성대기도 하고 일렁이기도 한다. 그 「황혼(黃昏)의 장」에 이르렀을 때, 파멸(破滅)의 반대편에 서 있어야 교육받은 사람의 자태를 드러낼 수 있다!

> "황혼에 걸어서, 사람은 파멸 가운데 있다. 믿고 모든 선을 행하고, 서로 진리를 권하고, 인내를 권장하는 사람 이외에는."(103:1-3)

교육은 '선(善: goodness)'과 '진리(眞理: truth)'와 '인내(忍耐: patience)'를 권장해야 한다. 그것만이 인류의 파멸을 막을 수 있다. 황혼의 시공간을 종횡으로 엮어, 파멸의 가운데 서지 않고, 그곳에 있더라도 인내의 품 속에서 극복하고, 초월할 수 있는 존재의 미덕을 발휘해야 한다. 『꾸란』의 마지막 장, 114장은 「인간(人間)의 장」이다. 다시, 인간에게로 다가선다.

> "은혜로우시고 자비로우신 알라 신의 이름으로 말하라, 나는 가호(加護)를 구한다. 인간의 주(主)에게 인간의 왕(王), 인간의 신에게, 보일 듯 말 듯 출몰하여 속삭이는 자의 악에서 벗어나. 인간의 마음에 속삭이는 자, 요정이나 인간이나"(114:1-6)

결론은 아니지만, 결론과 같은 교육철학의 사명은 간단하다. 신의 가호를 갈망한다! 악에서 벗어나려는 몸부림, 그 본능적 질주를 교육은 철저하게 감당해야 한다.

동학0-천지개벽(天地開闢), 새로운 교육을 열어 나갈 수 있을까?

2022. 5. 9. 17:33

작년부터, 기독교의 『바이블』, 불교의 『화엄경』, 유학의 『법언』을 다루었고, 올해 들어 지금까지 이슬람교의 『꾸란』을 살펴보았다. 앞의 세 사유는 『교육철학잡기』(3)으로 묶어 출간하였다.

종교를 교육철학적으로 환원하여 인식하는 일은 오해를 불러일으킬 수 있다. 하지만, 인류의 삶에 엄청난, 아니, 경우에 따라서는 절대적 영향을 미친, 세계의 종교 사상을, 종교 자체로만 이해하기에는 너무나 의미심장한 교육이 담겨 있기에, 교육철학이라는 외피를 입은, 불온한 사유의 전환에도 불구하고, 그렇게 시도해 보았다. 이 과정에서 다시, 형언할 수 없는 깨달음을 얻었다. 교육철학자로서, 지금까지 나름대로 교육에 기여하려고 노력해왔으나, 너무나 미흡하고 부족하다. 그렇더라도, 여유가 될 때, 종교에 관해 다룬 저 부족한 사색의 편린들을, 보다 깊이 있는 사유를 보태고, 현실성 있는 교육철학을 담아, 저술로 출간해 놓고 싶다.

이제, 『꾸란』을 마무리 하고, 오늘부터 6월까지 한국의 자생적 종교인 동학(東學), 즉 '천도교(天道敎)'를 교육철학적으로 독해하려고 한다. 아직 다루지 않은 힌두교를 비롯하여, 여러 종교가 있으나, 동학을 끝으로 종교를 교육철학적으로 이해하는 글은 일단 접으려고 한다. 서구철학에서는 플라톤에서 비트겐슈타인에 이르기까지, 동양에서는 노자에서 김지하에 이르기까지, 교육철학적으로 독해해야 할 사상이 너무나 많기 때문이다. 물론, 여유가 생기면, 다시 종교에 관한 사색의 폭을 넓힐 기회를 가질 것이다.

주지하다시피, 동학의 요체는 수운(水雲) 최제우(崔濟愚, 1824~1864)의 『동경대전(東經大全)』에 담겨 있다. 『동경대전』 가운데서도, 「포덕문(布德文)」「논학문(論學文)」「수덕문(修德文)」「불연기연(不然其然)」의 네 편은 핵심을 이루는 경문(經文)이다.

「포덕문」은 우주자연과 인류사회의 흥망성쇠의 이치를 진지하게 고려한다. 인간이 살아가는 현재의 세상은 혼돈과 위기를 겪는 '각자위심(各自爲心)'의 세상이다. 이는 사람이 극복해야 하는 세상이다. 혼란한 세상의 극복은 새로운 세상을 요청한다. '개벽(開闢)'이다. 그 세상을 맞이하기 위해 무극대도(無極大道)의 가르침을 받고, 덕(德)을 세상에 펴야 한다! 이런 내용을 요지로 한다.

「논학문」은 동학이 서학(西學: 천주교)과 어떻게 다르며, 인간의 길, 그 도(道)의 본체가 무엇인지를 세상에 알리려는 의지가 담겨 있다. 왜 동학인가? 그 까닭을 밝히고, 도의 본체를 밝히는 주문(呪文) 스물한 자를 하나하나 풀이하여 요체를 설명하였다.

「수덕문」은 동학이 전통 유교(儒敎)와 어떤 차원에서 다른지를 논의하고, 동학이 유교의 가르침에 위배되지 않음을 강조하고 있다. 즉 인간의 보편적 도리의 기준인 천도(天道)의 차원에서, 유교와 동학은 대동소이하다. 그러나 유교의 핵심인 인의예지(仁義禮智)가 인간의 내면에서 올바르게 구현되고, 외면의 세상에서 제대로 실천되기 위해서는, 새로운 차원의 '수심정기(守心正氣)'를 갖춰야 한다고 주장한다. 이는 유교가 지닌 실천력에 비해 훨씬 수행의 실천이 강력한 양상으로 이해된다.

「불연기연」은 만유(萬有)에 대해 어떻게 인식하는가? 그 태도와 방법에 관한 사유의 결집이다. 우주는 만물로 드러나는 현상과 그 근원이 되는 본질로 설명된다. 그것이 '기연(其然)'과 '불연(不然)'이다. 기연은 인간이 쉽게 이해할 수 있는 '이단자(易斷者)'의 세계이고, 불연은 그 원인과 원리를 구명하기 어려운 '난필자(難必者)'의 세계다. 이 기연과 불연은 만유에 동시에 내재한다. 요컨대, 기연과 불연은 궁극적으로 동일한 뿌리를 지닌다. 서로 같다. 이는 만물의 본원과 본체에 대한 올바른 인식을 위한 외침이다.

'포덕'에서 '불연기연'에 이르기까지, 그리고 주문(呪文)과 시문(詩文) 등 여러 기록을 성찰할 때, 동학이 지향하는 교육철학을 어떻게 디자인 할 수 있을까? 개벽의 시공간을 고려하듯이, 교육의 개벽을 꿈꿀 수 있을까?

동학1 「포덕문」①-자연의 질서, 인간의 어리석음

2022. 5. 10. 11:50

『동경대전』「포덕문(布德文)」의 첫 대목은 우주 자연과 인간 사회의 대비에서 시작한다.

우주 자연의 상징인 사계절의 성쇠(盛衰)는 역동적 변화이자 고요한 순환이다. 이 변화와 순환은 다른 양상으로 옮기거나 바뀌지 않는다. 천역(遷易)이 일어나지 않는다. 그야말로 질서 정연(整然)하다. 자연의 질서는 무궁무진(無窮無盡)한 조화(造化)의 모습으로 그 자체를 형성한다. 그리고 우리 앞에 현현(顯現)한다.

사시성쇠(四時盛衰), 불천불역(不遷不易), 무위이화(無爲而化)!

그런데 인간 사회가 문제다. 세상을 살아가는 어리석은 인간! 그들은 우주 자연이 삶에 생명력을 부여하는 은택(恩澤)을 인식하지 못한다. 그냥 막연하게 저절로 일어나는 현상이라고 간과(看過)해 버린다. 이 지점에서 자연과 인간은 합일(合一)을 훼손당한다. 전일성(全一性)의 우주를 해체한다. 소극적 유위(有爲)의 자연성이 아니라 극단적 유위(有爲)의 인위성이 삶을 조절하지 못하고 균형미를 발휘하지 못해, 인간 사회의 피폐(疲弊)를 자초한다.

우부우민(愚夫愚民)!

교육은 이 어리석음의 한가운데로 들어가, 사랑을 우려내는, 인간의 겸손한 향기다. 어리석음을 깨치고 혜안(慧眼)과 통찰(洞察)을 터득하려는 열망이다. 교육의 철학적 가치가 그 결과 속살, 표면(表面)과 이면(裡面)에 녹아든다. 때문에 『동경대전』의 '포덕(布德)'은 교육받은 인간이 축적한 의리(義理)를 사회로 환원하는 성스러운 작업이다. 그것은 동학 교육철학의 알파(α)다.

동학2 「포덕문」②-교육이 지향할 그곳

2022. 5. 12. 10:26

성인(聖人)들은 자연의 질서에 따라, 한편으로는 움직이고 한편으로는 고요해지는 만물의 생멸(生滅) 과정과 한편으로는 번성하고 한편으로는 쇠락하는 만물의 성쇠(盛衰) 변화, 그 작용이 모두 궁극적으로는 천명(天命)에 의한 것임을 깨달았다. 이에 세상 사람들은 자연의 질서를 기준으로 만물 변화의 근본 법도인 자연의 이치, 즉 천리(天理)를 따르게 되었다.

경천명(敬天命), 순천리(順天理)!

때문에 자연의 질서를 받들고 자연의 이치에 따라 마음을 닦고 몸을 가다듬어야 한다. 그런 교육이 이루어진 후, 사람들은 사람다운 사람인 군자(君子)가 된다. 요컨대, 교육을 통해 배우는 작업, 즉 인간의 도(道)와 덕(德)을 이루는데, 삶의 핵심이 있다. 여기서 도(道)는 만물을 화생(化生)하고 발육(發育)시키는 근본 이치다. 자연의 도리인 천도(天道)다. 덕(德)은 이 자연의 질서를 세상에 드러나게 만드는 공덕이다. 즉 자연의 인간화인 천덕(天德)이다.

학성도덕(學成道德)!

세상 만물이 생겨나고 또 자라나는 근본 이치인 자연의 질서를 밝혀, 자기의 삶에서 실천궁행(實踐躬行)할 덕목인 천덕(天德)을 닦아 나갈 때, 인간다운 인간인 군자(君子)가 될 수 있다. 거기에다 교육을 질적으로 승화(昇華)해 나갈 때, 한 걸음 더 나아가 우주의 근본 원리를 깨닫고 실천하는 성인(聖人)의 경지에 이를 수 있다.

명도수덕(明道修德)!

동학의 교육철학, 그 교육적 인간상은 그저 이럴 뿐이다.

동학3 「포덕문」③-부정적 삶을 극복하기 위한 노력

2022. 5. 12. 11:11

세상 사람들은 자연의 질서와 그것의 인간화, 그 은혜를 망각한다. 자기 자신만을 위하는 타락한 이기주의에 물들기 쉽다. 아니, 어쩌면 이기주의가 흉중(胸中)에 가득하다.

각자위심(各自爲心)!

그러므로 자신을 생겨나게 하고 또 살아가게 하는 근본 섭리(攝理)를 거스르며, 제멋대로의 삶을 살아간다. 자신에게 부여된 자연의 질서를 깊이 생각하지 않는다. 천리(天理)와 천명(天命)에 어긋나는 삶을 적극적으로 추진해갈 뿐이다.

불순천리(不順天理), 불고천명(不顧天命)!

이런 세상의 형편, 그 가운데 나부끼는 인생, 이 무엇인가? 인간의 마음은 자나 깨나 불안하다. 앉으나 서나 걱정이다. 근심이 가실 때가 없다! 이 혼탁한 세상, 참담한 인심을 극복할 수는 없는가? 마음만 답답할 뿐이다.

심상송연 막지소향(心常悚然 莫知所向)!

이 지점이 교육의 존재 이유를 요청한다. 혼탁하고 참담한, 부정적 삶을 극복하기 노력!

동학4 「포덕문」④-상처 입은 영혼의 치유

2022. 5. 13. 16:40

교육은 나쁜 기운을 퇴치하고 좋은 기운을 불러들이는 삶의 요청이다. 동학은 현실의 역동성을, 그러나 혼란한 상황을, 고치기 힘든 병, 이른바 악질(惡疾)로 여긴다. 그것은 동학(東學) 자체가 치유와 치료를 가정하는, 교육학적 특징을 깊이 간직하고 있는 배움이라는 뜻이다. 「포덕문」은 다음과 같이 말한다.

천리(天理)와 천명(天命)을 따르지 않는 각자위심(各自爲心)의 삶으로, 인간의 현실은 악질(惡疾)과 같은 나쁜 기운이 가득 차게 되었다.

악질만세(惡疾滿世)!

그래서 사람들은 일 년 내내 하루도 편안하게 살지 못하는 지경에 이르렀다. 이는 다름 아닌 사람의 몸에 상처를 입히는, 상해(傷害)의 운수다.

상해지수(傷害之數)!

악질(惡疾)을 치료하는 작업은 교육의 주요한 역할이다. 아울러, 상해(傷害)를 당한, 상처 입은 영혼의 치유는 교육의 핵심 임무다. 상처받은 존재의 아물지 않은 흔적은 어디에서 수술 가능할까? 급변하는 시대, 사회 상황을 따라, 그 교육적 근거를 찾을 수 있을까?

동학5 「포덕문」⑤-교육을 회피할 것인가!

2022. 5. 15. 13:50

교육은 '가능성(可能性)'이라는 희망(希望)과 '성장(成長)·성숙(成熟)'이라는 소망(所望)을 품는다. 변화 상황을 바탕으로 물결이 일렁일 때, 그 파고(波高)를 타고 넘는다. 『동경대전』「포덕문」의 마지막 부분은 교육의 회피(回避)를 고민한다.

아, 슬프다! 새로운 시대가 머지않아 열릴 텐데, 세상 사람들은 그 운명의 시간을 조금도 생각하지 않는다! 시운(時運)에 따라 펼쳐질, 개벽(開闢)을 위한 가르침을 듣고도 이를 믿지 못한다. 집에 들어가서는 마음속으로 그르다고 부정하고, 거리에 나와서는 삼삼오오 무리지어 대놓고 수군거린다. 천도(天道)와 천덕(天德), 그 교육의 윤리 세계를 따르려고 하지 않으니, 두렵고 걱정스럽다.

미지시운(未知時運)!

미국 펜실베이니아 대학 와튼스쿨의 마우로 기옌 교수는 강조했다. "10년 후 지금의 세상은 없다!"라고. 변화의 속도가 그렇게 빠른가! 10년 후쯤 되면, 현재와 상당히 다른 양상의 문화가 우리의 삶을 지배한다! 충분히 그렇게 변화할 것으로 생각된다. 미래는 문명의 축이 전환을 이루게 마련이다. 인간의 삶은 새로운 방향을 지향할 것이다. 교육은 문명 전환의 선도자이자 새로운 삶에 활력을 불어 넣는 함수(函數)다. 상황 대처를 합당하게 구가할 줄 아는 인간의 성숙을 꾀한다.

세상의 변화와 전환의 소리는 누구나 듣는다. 물론, 전혀 듣지 못하거나 듣지 않으려는 사람도 있다. 세상에서 '현명하다'라고 하는 사람조차, 변화와 전환의 소리를 듣고 있으면서도, 교육을 고려하지 않는 존재들이 버티고 있다. 참으로 답답하다! 한숨이 저절로 나온다. 이런 세태를 어찌할까! 교육으로 일깨우는 수밖에 없다! 교육적 처방을 공경하라! 가르침의 말을 흠모하라! 마음으로 배우고 익히라!

세즉무내(世則無奈)!

세상을 함부로 탓하지 말라! 문명 전환의 폭이 넓고 깊이가 깊을수록, 세태의 혼돈이 요란(擾亂)하다. 탁해지고 어지럽다. 당연한 현상이다. 이런 세태는 어쩔 수 없다! 단지, 교육이 심사숙고(深思熟考)를 거치며 더욱 넓고 깊이 파고들 수밖에.

동학6 「논학문」①-교육, '하늘-땅-사람'의 유기체가 빚어내는 우주 대사업

2022. 5. 16. 9:58

『동경대전』「논학문」은 「포덕문」에 이어 두 번째 경(經)이다. 수운(水雲) 최제우(崔濟愚) 선생이 전라도 남원성(南原城) 밖의 교룡산성(蛟龍山城) 안에 있는 덕밀암(德密庵)의 방 한 칸을 얻어 은적암(隱跡庵)이라 이름 짓고, 그곳에서 쓴 글이다. 이때가 1862년 1~2월, 추운 겨울이었다.

동학의 본체를 일러주는 글이기에 「논학문」은 「동학론(東學論)」이라고도 부른다. 그런 만큼 동학 교육철학의 핵심이 체계적으로 담겨 있다. 그 시작은, '하늘-땅-사람', 그 각각의 특성과 유기체적 관계를 인식하면서, 삶과 교육의 호흡을 가다듬는다.

하늘의 질서는 그 모습이 드러나 보이지 않는다. 그래서 '형상이 없다'라고 한다. 무형(無形)이다. 하지만 이 우주에 두루 미치며 가득 차 있는 삼라만상(森羅萬象)은 궁극적으로 하늘의 작용에 의해 생기고 성장하고 또 사라진다. 이 삼라만상이 하늘의 질서가 남긴 자취다. 유적(有迹)! 하늘의 질서, 즉 천도(天道)는 형상이 없으나 그 자취가 뚜렷하다!

천도(天道), 무형유적(無形有跡)!

땅의 이치는 너무나 넓고 크다. 그 실체를 가늠할 수 없다. 하지만 땅에는 일정한 방위가 있다. 동서남북(東西南北)의 사방(四方)과 그 사이 방향인 동북, 동남, 서북, 서남을 합한 팔방(八方)이 자기 자리를 지킨다. 이 방위에 따라 기후와 지형이 다르다. 또 토양의 질도 같지 않다.

지리(地理), 광대유방(廣大有方)!

하늘의 질서와 땅의 이치는 상응(相應)한다. 하늘엔 구성(九星) 땅엔 구주(九州), 땅엔 팔방(八方) 하늘엔 팔괘(八卦)! 이처럼 하늘과 땅은 불가분의 관계로 상응한다. 계절의 왕래(往來), 밤낮의 교차(交叉), 밀물과 썰물의 교대(交代), 달의 영허(盈虛), 그 시간의 흐름이 번갈아 가며 이어진다. 일정한 수가 있기 때문이다. 우주의 모든 존재는 생성(生成)되었다 흩어져 사라지고, 태어났다 일정한 시간이 지나면 사멸(死滅)한다. 이 움직임과 고요함, 동정(動靜)의 이치는 변하거나 바뀌지 않는다.

응수(應數), 동정변역(動靜變易)!

우주의 이치와 기운, 그 '음(陰)-양(陽)'이 어우러지는 가운데 모든 존재가 생육(生育)한다. 삼라만상이 같은 이치로 생성되지만, 가장 신령한 존재는 바로 '사람'이다. 하늘과 땅 사이에 인간의 존재 양상이 이러하다. 그러므로 사람은 우주의 법칙을 밝히고 따라야 하는 숙명을 지녔다! 천도(天道)와 지리(地理)에 상응하는 인사(人事)다. 사람이해야 할 신성한 작업! '천(天)-지(地)-인(人)'은 우주를 구성하는 근본 요소다. 이 '천-지-인(天-地-人)'을 우주의 세 가지 기본 요소라는 의미에서 '삼재(三才)'라 한다. 이 삼재는 유기체(有機體) 관계를 이룬다. 그 이치를 정하고 만물화생(萬物化生)의 기본 원소인 오행(五行)도 이런 결을 따라 나온다.

음양화출(陰陽化出), 유인최령(惟人最靈)!

하늘은 오행이 생성되는 '원리'다. 땅은 오행이 자라나 살아갈 수 있는 '바탕'이다. 사람은 오행을 살아 움직이게 할 수 있는 '기운'이다. '원리-바탕-기운!' 하늘과 땅과 사람이 삼재(三才)가 되는, 그 일정한 수(數)의 근원이 되는, 존재의 이유가 바로 여기에 있다.

천강(天綱), 지질(地質), 인기(人氣)!

교육은 하늘의 원리, 땅의 바탕, 사람의 기운을 받아들이는 우주의 대사업(大事業)이다. 우주의 대사업 앞에는 하늘의 질서와 땅의 이치, 그리고 인간의 일이 숙명(宿命)과 운명(運命) 사이를 갈마 들며 자리한다. '천-지-인'이 어울리는 향연의 마당! 그 준비와 진행과 마무리의 과정을 수행하는 작업이 교육의 질서정연한 운동이다. 이 조그마한 듯 보이지 않는 우주의 대사업을 위한, 하늘의 원리는 무엇일까? 땅의 바탕은 어떻게 펼쳐져 있을까? 인간의 기운은? 이 인간의 기운(氣運), 그 생동(生動)이 문제다. '누가(Who), 언제(When), 어디서(Where), 무엇을(What), 왜(Why), 어떻게(How)'라는 육하원칙(六何原則: 5W1H)을 사이에 두고, 인간이 세상 돌아가는 형편을 파악하고 장악하여 실행할 수 있을까? 동학의 교육철학이 스며들 수 있는 관건(關鍵)이, 이 지점에서 엿보인다.

동학7 「논학문」②-무지, 바탕에 관한 깨달음의 미비

2022. 5. 18. 9:10

인간의 무지(無知)는 깨달음의 부족에서 조금씩 새어 나온다. 무지가 축적되어 굳어지면 고집(固執)으로 바뀐다. 고집은 아집(我執)을 낳는다. 아집은 무지의 덩어리가 되어, 인간의 성격(性格)으로 드러난다. 허나, 그 무지와 고집과 아집이 낳은 품격(品格)은 낮은 차원의 밑바닥 인생으로 전락하기 쉽다. 그에 관한 각성(覺醒)이 교육으로 이어진다. 즉, 교육의 동기는 우주자연에 대한 깨달음의 미비다. 『동경대전』 「논학문」 두 번째 구절은 그런 문제의식을 진지하게 성찰한다.

봄이 가면 여름이 오고, 여름이 가면 가을이 오고, 가을이 가면 겨울이 오고. 다시 또 봄을 일으키며 순환하는 것이 네 계절의 변화다. 절기(節氣)에 따라, 바람이 불고 이슬이 내리고 서리가 내리며 눈이 온다. 이 진실은 조금도 그 때를 잃지 않는다. 순서도 변하지 않는다.

사시(四時), 불실불변(不失不變)!

아침이면 풀잎에 잠시 맺혔다 사라지는 이슬방울처럼, 세상 사람들은, 왜 이렇게 계절의 변화가 질서 정연한지, 그 까닭을 알지 못한 채, 덧없이 허둥대며 살아간다. 우주 자연의 은혜! 조화(造化)의 공교한 자취다. 그러나 인간은 이에 대한 믿음과 확신이 없다! 삶의 바탕이 무엇인지 제대로 알지 못한 채, 그저 살아왔을 뿐이다.

불견난상(不見難狀), 미필자(未必者)!

우주자연이 삶의 바탕이라는 사실은 분명하다. 하늘의 질서가 그러하고 땅의 이치가 그러하다. 교육이 '삶의 원 현상'이라면, 그것은 인간 자신이 거주하는 우주자연의 섭리를 깨닫는 사업이다. 그 이외에 다양한 요소는 그것에 수반(隨伴)되는 보완 장치일 뿐이다. 계절의 변화가 자아내는 실타래로, 어떤 인간 사회를 그려내야 할까? 교육은 인간의 무늬를 아름답게 수놓고, 사회의 그림을 우아하게 그려나가야 한다.

동학8 「논학문」③-'수련(修煉)-교인(敎人)-포덕(布德)'의 교육 철학

2022. 5. 18. 18:13

사람의 몸 밖에 무엇이 있을까? 어떤 신비한, 영적 존재와 만나는, 기운이 우리를 맞아줄까? 사람의 몸 안에는 무엇이 있을까? 나의 내면, 저 깊은 소리를 가르침의 말씀으로 영접할까? 아무리 정신을 차리고 보려 해도, 도무지 보이지 않는다! 아무리 귀 기울여 들으려 해도, 도대체 들리지 않는다! 저 신비한 경지를 보고 들을 수 있는 내 몸을, 어디에서 찾을까? 교육에서?

내강화교(內降話敎), 외접령기(外接靈氣)!

마음에 괴이하고 의아한 생각이 든다면, 혼란한 마음을 가다듬고 기운을 바르게 하자. 어찌하여 이런 일이 일어날까? 내 마음이 바로 네 마음이다. 네가 나의 마음을 회복한 것이다. 너 또한 나의 경지에 이르게 되었다. 이제 나를 만날 수 있다. 나와 대화할 수 있게 되었다. 이러한 사실을, 이와 같은 경지를, 세상 사람들이 알겠는가!

수심정기(守心正氣), 오심여심(吾心汝心)!

세상 사람들은 하늘과 땅이라는 천지(天地)의 형체만을 안다. 이 천지자연의 우주적 존재는 무엇일까? 저 조화의 자취! '귀신(鬼神)'의 세계가 오므리고 펼치는 무궁한 길! 이를 잘 닦고 다듬어 나의 길을 밝힐 수 있는 글을 짓자. 그 글로 세상 사람들을 가르치자. 또 나를 수련(修練)하고 단련(鍛鍊)하여, 무궁한 덕을 세상에 펼쳐라. 그러면 너에게 장생(長生)의 삶을 얻게 한다. 나의 덕 또한 덕으로 온 세상을 빛나게 하리라.

수이련지(修而煉之), 제문교인(制文教人)!
정법포덕(正法布德), 장생소연(長生昭然)!

세상의 본질을 장악하고, '수련(修煉)-교인(教人)-포덕(布德)'의 과정을 거쳐, 세상을 빛나게 할 때, 동학 교육철학의 기초가 구성된다.

동학9 「논학문」④-21글자에 담긴 교육철학의 핵심

2022. 5. 19. 4:53

동학의 진리는 아주 간략한 주문(呪文)에 담겨 있다. 그것은 스물 하나의 글자로 되어 있는 '이십일자(21자)' 주문이다. 주문은 '강령주문(降靈呪文)'과 '본주문(本呪文)'으로 구성된다. 강령주문은 '지기금지 원위대강(至氣今至 願爲大降)'의 여덟 자이고, 본주문은 '시천주 조화정 영세불망 만사지(侍天主 造化定 永世不忘 萬事知)'의 열세 자이다. 동학의 교육철학이 추구하는 모든 질서는 이 스물 한 글자에 담겨있다.

강령주문인 '지기금지 원위대강(至氣今至 願爲大降)'의 여덟 자를 풀이하면 다음과 같다.

'지(至)'는 가장 큰 것을 이르는 언표다. 때문에 '지기(至氣)'는 신령한 마음의 기운이 우주에 가득 차 있음을 뜻한다. 간섭하지 않는 것이 없고, 사명을 부여하지 않는 것이 없다. 모양이 있는 것 같으나 형용하기 어렵다. 들을 수 있는 것 같으나 들을 수 없다. 보일 것 같으나 보기가 어렵다. 이는 우주자연의 원기(元氣)가 모여 이룬 하나의 큰 기운이다.

'금지(今至)'는 이제 진리의 길에 들어서서 신령한 기운을 접하고, 그 기운을 체험하는 일이다.

'원위(願爲)'는 청(請)하여 비는 작업을 말한다. 기도의 요청이다.

'대강(大降)'은 신령한 기운과 나의 기운이 하나로 융화(融化; 融和)

하여 일체(一體)가 됨을 상징한다.

본주문인 '시천주 조화정 영세불망 만사지(侍天主 造化定 永世不忘 萬事知)'의 열세 자는 다음과 같이 풀이할 수 있다.

'시(侍)'는 '모심'이다. 안으로는 신령함을 모시고 있음을 깨닫고, 밖으로는 무궁한 기운과 융화하여 일체를 이룬다. 즉, 내가 신령한 존재를 모시고 있음을 깨닫는 작업이다. 여기에서 절대 오해하지 말아야 할 사안이 있다. '신령한 존재'에 관한 이해다. '모심'이라는 말 때문에 인간 이외의 객관적 존재를 '모시는' 차원으로 이해해서는 곤란하다. 신령한 존재는 기독교의 하나님이나 이슬람의 알라와 같은, 인간을 초월한, 객관적 뉘앙스를 지닌 신적 존재가 아니다. '초월적 존재인 신을 모시는 작업'이 아니라, 신령한 우주자연의 마음을 회복하고 기운을 얻었기에, '나' 스스로 우주의 중심이고, 동시에 '나' 스스로 우주의 큰 기운과 연결되어 있음을 깨닫는 작업이다.

'천(天)'은 우주 자연을 포괄적으로 표현한 언표다. 유기체로, 역동적으로, 생동하는 세상이다.

'주(主)'는 핵심이나 중심이다. 기독교적 의미의 주님이 아니다. 신령한 우주의 기운, 그것을 '한울님'으로 높여 부르는 언사이다. 한울님은 우리 생명의 근원이다. 천지부모(天地父母)다. 때문에 사람을 낳고 또 키운 부모님처럼 생명의 산실임을 지칭한다. 그 깨달음의 상징적 표현이 모심이다.

'조화(造化)'는 신령한 존재의 힘이다. 우주자연의 작용이다. 자연스럽게 저절로 이루어지는 무위이화(無爲而化)다.

'정(定)'은 신령한 존재의 덕, 우주자연의 덕과 합일되는 경지다. 우주자연의 마음이 나의 마음 중심에 자리한다. 이때 나의 마음은 곧 무궁한 우주자연의 마음이 된다. 나의 베풂은 지공무사(至公無私)한 베풂이다. 그와 같은 경지에 이르렀을 때, '정(定)'이라 말한다.

'영세(永世)'는 사람의 일생이다. '불망(不忘)'은 우주자연을 생각하는 마음이 나의 몸에서 잠시라도 떠나지 않는, 그 마음을 간직하는 작업이다. '만사(萬事)'는 수의 많음을 말한다. '지(知)'는 존재의 이치이자 일이 무궁함을 깨닫고 지혜를 받는 일이다. 이러한 경지에서 우주자연의 덕을 밝혀, 잠시도 존재에 감사하는 마음을 잊지 않아야 한다. 그 결과 동학 교육이 추구하는 인간상이 드러난다.

동학10 「논학문」⑤-공평한 인간에서 교육받은 사람으로

2022. 5. 23. 09:02

하늘의 마음이 바로 사람의 마음이다. 천심즉인심(天心卽人心)!
내 마음이 네 마음이다. 오심즉여심(吾心卽汝心)!

이는 우주자연의 생명 기운, 즉 한울님 마음이 사람의 마음이라는 가르침이다. 그런데 어찌하여, 사람마다 이 생명의 기운이 다른가? 어떤 사람은 선을 행하고, 어떤 사람은 악을 행하곤 하는가? 사람이 어찌 선(善)한 사람, 악(惡)한 사람, 귀(貴)한 사람, 천(賤)한 사람이 따로 있겠는가? 그런 사람을 나누는 기준, 사람이 살아가면서 겪게 되는 괴로움과 즐거움의 이치가 있을 뿐이다. 태어날 때는 악함도 선함도, 귀함도 천함도 없다! 누구나 공평하게 세상에 존재한다.

명인귀천(命人貴賤) 정인고락(定人苦樂)!

자신의 삶을 제대로 영위(營爲)하여, 교육받은 사람, 인간다운 인간이 된 사람은 기운이 바르다. 모든 행동거지나 실행하는 사안이 반듯하다. 마음 또한 정상을 회복한다. 반대로 교육받지 못한 사람은 기운이 바르지 않다. 모든 행동거지가 반듯하지 않다. 마음이 이리저리 자주 바뀐다.

군자(君子), 기정심정(氣正心定)!

소인(小人), 기부정심이(氣不正心移)!

세상 사람들이 군자의 덕을 쌓느냐, 소인의 삶을 사느냐, 이에 따라 세상의 성쇠(盛衰)가 결정된다. 교육받은 존재의 행실이 세상의 번영과 몰락을 가져온다.

동학11 「논학문」⑥-삶의 귀함과 즐거움

2022. 5. 25. 09:20

교육이 정말, 우주 자연과 인간 사회를 연결하는 '사다리'일 수 있을까? 우주 자연의 이치를 인간 사회의 법칙으로 적용하는데 가교(架橋) 역할을 할까? 『동경대전』의 한 마디는 그런 교육철학적 가능성을 내비친다.

세상의 법칙에 따라 사는 것이 귀중하고 즐거운 삶이다. 어찌하여 세상 사람들은 귀중하고 즐거운 삶을 누리려고 하지 않는가!

세인경천(世人敬天)!

생명력을 잃고 나서야 인간의 삶이 귀중하고 즐거움을 깨닫는다. 그때 가서야 세상의 아름다움을 찾는 것은, 살아 있는 인간의 공통된 마음이다. 인간의 목숨이 어디에 있는가! 교육일까?

임사호천(臨死號天), 명내재천(命乃在天)!

그러나 사람들은 세상의 법칙을 의심한다. 교육을 믿지 못한다. 우주자연과 인간 세상을 자세히 살피지 않고 방황할 뿐이다. 존중과 존경을 상실했다.

천생만민(天生萬民)!

경천(敬天)과 호천(號天)과 재천(在天)의 사이에서 생민(生民)을 우려내는 저 논리에서, 인간 사회를 살리는 교육의 차원이 스며든 것은 분명하다.

우주 자연을 공경하고, 우주 자연에 부르짖고, 우주 자연에 달려 있고. 그러면서도 인간 사회를 살려내려는 의지!

동학12 「논학문」⑦-비어 있음을 채우는 양식

2022. 5. 26. 08:55

교육의 길은 인간의 삶이자 사회의 도로(道路)다. 그 길에는 수많은 사연(事緣)이 놓인다. 문제 상황(問題 狀況)이 발생한다. 어쩌면, 교육과 인생은 끊임없이 발생하는 문제 상황의 해결을 모색하는 작업인지도 모른다. 물론, 문제 해결의 기미(幾微)는 늘 보인다. 하지만, 완전한 해결에 이르기까지, 문제를 해소(解消)하는 결론에 도달하기에는 다시 늘 어렴풋한 한계도 나타난다. 인간의 숙명과도 유사한, 비방(誹謗)과 훼방(毁謗)이 갖는, 인간 자신이 스스로에게 되돌리는 '헐뜯음'의 속성 때문이다.

인간 사회의 올바른 길을 비방하고 훼방하는 사람들이 있다! 왜 그럴까? 아니, 그럴 수도 있다. 그 길에 관해 정확하게 듣지 못했기 때문이다. 지금도 듣지 못하고, 옛날에도 듣지 못한 사람들! 그 길이 올바른지 그른지 비교할 수 없는 경우, 즉 처음 들어 보거나 분간하지 못하는 경우, 교훈을 듣고도 인간의 길을 믿지 못할 수 있다.

훼도혹가(毁道或可), 불문불비(不聞不比)!

자신의 길을, 인생을, 마음으로 잘 닦는 사람은 겉으로는 아무것도 드러나지 않는다. 그만큼 텅 빈 것처럼 보인다. 하지만 스스로 마음에 깨닫고 체득하는 것이 있어 알맹이가 있다. 자신의, 인간 사회의 길을 더욱 높은 수준으로 가꾸어가지 않고, 이것저것 듣기만 하는 사람은, 겉으로 아는 것이 많아 보인다. 알이 꽉 찬듯하다. 하지만 아무것도 체득하는 것이 없어 실제로는 텅 비어 있다.

수자(修者), 여허유실(如虛有實)!
문자(聞者), 여실유허(如實有虛)!

인간 사회의 올바른 길을 비방하고 훼방하는 사람들은 듣기만 하고 닦지 않는다. 때문에 인간 사회의 올바른 길이 어떠한지 그 참맛을 모른다.

교육이 이런 것이다. 교육받은 사람은 인간 사회의 건전한 길을 모색한다. 교육받지 못한 존재들은 건전한 길을 앞에 두고도 무관심으로 일관한다. 그 무관심은 삶의 피폐를 낳고, 삶의 피폐는 인간 사회를 더럽힌다. 조금이라도 덜 더럽혀지기를 고대하는 작업에 교육이 적극 개입한다. 진흙탕에서도 더럽혀지지 않는 연꽃처럼!

동학13 「논학문」⑧-두 갈래 길에서 휩쓸리는 방황

2022. 5. 27. 10:20

인간 사회의 길을 파악했으나 외면하는 사람이 있다. 어찌해야 할까? 이런 인간들에 대해, 진지하게 관심을 가지고 거론할 가치는 없다! 왜 그런가? 인간의 길을 무시하고 외면하는 만큼 인간이기를 포기했기 때문이다. 차라리 아무 말 없이, 마음 깊은 곳에서 멀리하는 게 상책이다.

반도귀자(反道歸者), 경이원지(敬而遠之)!

인간 사회의 길을 제대로 파악하고 실천할 때의 마음은 어떠하며, 그것을 배반하고 나갈 때의 마음은 어떠한가? 풀은 바람이 불어오면, 바람 부는 대로 쓸리어 이리저리 쓰러진다. 이들의 마음도 세상의 명리(名利)에 따라 휩쓸릴 뿐.

전심후심(前心後心), 초상지풍(草上之風)!

세상의 이치는 선악(善惡)을 가리지 않는다. 모든 존재를 포용한다. 바른 마음으로 자연스럽게 나아가든, 바르지 않은 마음으로 그르게 나아가든, 어떤 마음을 지녔든 자연스럽게 그렇게 나아가면, 세상은 서로 감응하여 신령스러운 기운으로 소통할 수 있다. 그러나 신령스러운 기운으로 소통한다고 무조건 좋다거나 긍정적이라고 말할 수는 없다. 복(福)을 받건 화(禍)를 입건 개인이 의문을 품을 사안이 아니다. 인간이 관여할 일도 아니다. 우주 자연과 인간 사회의 뜻에 따를 뿐이다.

강령선악(降靈善惡), 비소문비소관(非所問非所關)!

문제는 사람 됨됨이다. 사람다움이다. 사람다움의 향한 길목에서, 그것을 바르게 하고, 몸을 닦고, 타고난 자질을 기르고, 마음을 곧게 하자! 그런 상황이라면, 인간은 선악의 두 갈래 길에서, 적어도 길을 잃고 방황하지는 않는다.

교기인(矯其人), 수기신(修其身)!
양기재(養其才), 정기심(正其心)!

교인수신(矯人修身)의 외적 교화, 양재정심(養才正心)의 내적 수양 사이에서, 그 변증법적 고심을 요청하라!

동학14 「수덕문」①-교육의 연원에서 찾는 성덕(盛德)

2022. 5. 28. 06:35

유교 전통의 교육은 자연의 질서인 하늘[天]을 본받는 작업을 근거로 한다. 우주 자연의 이법을 기준으로 인간 사회의 법칙을 도출하려고 노력한다. 이른 바 '천인합일(天人合一)'을 지향한다. 『동경대전』 「수덕문(修德文)」의 첫 기록도 이와 유사한 성향을 보인다. 『주역』의 첫대목에 등장하는 '원형이정(元亨利貞)'의 논리를 들어 교육의 연원으로 삼는다.

그러나 「포덕문」이나 「논학문」에서, '지기금지(至氣今至) 원위대강(願爲大降), 시천주(侍天主) 조화정(造化定) 영세불망(永世不忘) 만사지(萬事知)', '인내천(人乃天)' 등등의 사유에서 보았듯이, 동학은 결코 '천인합일'의 세계에만 빠지지 않는다. 오히려 '천인합일'의 세계관을 '일합인천(一合人天)' 또는 '인천일합(人天一合)'로 전환한다. 자연의 질서에서 인간으로 내려오기보다는 인간에서 자연으로 올라가는 느낌이다. 인간 사회의 질서를 중심으로 우주 자연을 품는다. 그렇게 세상을 재인식한다. 그것이 인간교육과 사회의 평온을 기약하는 화두다.

이 세상의 모든 존재는 생겨나 싹 틔우고, 자라나 무성해지고, 무성해져 열매 맺고, 열매 맺어 갈무리된다. 그 '원(元)-형(亨)-이(利)-정(貞)'의 질서는, '봄-여름-가을-겨울'의 순환처럼 변하지 않는다. 원리가 그러하다. 어떤 개인적 사안에 치우치지 않고, 오직 자연의 질서를 근거로 이행된다. 사람살이의 기준을 파악하지 못했을 때, 이러한 질서의 원리에서 살피는 작업은 매우 중요하다.

원형이정(元亨利貞), 인사지찰(人事之察)!

이 질서가 인간교육을 시작하는 첫 단추 역할을 할 수 있다. 언제 어디서 무엇을, 교육에 녹여 넣어야 할까? 그 질서의 원리를, 변화하는 세계상의 원리인 '역(易)'에서 탐색할 필요가 있다는 의미다.

왜냐하면 그것은 원형이정의 논리처럼, 인간의 자질을 성장시켜 나가거나 지식이 순환하는 법칙을 지시하기 때문이다. 인간 세계에는 '태어나면서 자연스럽게 이 세상의 이치를 파악할 수 있는' '생이지지(生而知之)'의 인격을 바탕으로 하는 존재가 있다. 그는 성인(聖人)의 자질을 지녔고, 인류의 스승 역할을 한다. 이 스승의 가르침은 그것을 '열심히 배워 세상의 이치를 파악하는' '학이지지(學而知之)'의 자질을 지닌 현인(賢人)에게로 전수되어 진보를 거듭해 왔다.

생지성질(生知聖質), 학지상전(學知相傳)!

그것은 꽉 막혀 통하지 않은 존재일지라도, 더욱 노력하며 배워서 터득하는 존재에게로 이어진다. '곤이득지(困而得之)'의 천박한 식견을 가졌을지라도, 성인과 현인이 성취한 삶의 양식을 교육하면, 인간 사회의 법칙을 제고(提高)할 수 있다. 그것이 교육의 연원에서 찾는 교육의 존재 이유다.

곤득견식(困得見識), 성덕불실(盛德不失)!

동학15 「수덕문」②-자연 질서 이행의 대동소이

2022. 5. 29. 11:00

『역(易)』의 괘(卦)에는 세상의 변화 원리가 담겨 있다. 양수(陽數: ㅡ)와 음수(陰數: --) 모두를 합하여 조화를 이룬 수는 우주 자연의 모든 변화를 성찰하게 만든다. 중국 고대의 '하(夏)-은(殷)-주(周)' 시대의 임금들이 우주 자연의 법칙을 공경하던 이치를 살펴보면, 옛 선비들, 이른 바 교육받은 사람들이 우주 자연의 질서에 순종(順從)했음을 알 수 있다. 그런데 요즘은 어찌 이러한가! 후학(後學)들은 이전 현인(賢人)들의 가르침을 망각한다.

지선종명(知先從命), 후학망각(後學忘却)!

마음을 바로 잡고, 인간 사회의 길을 헤아리며 끊임없이 성숙해 나가라! 그 길은 우주의 이법, 자연의 법칙과 맞닿아 있다. 유교는 천도(天道)라는 한결같은 이치로 전통을 형성한다. 동학도 동일하다. 하지만 그 길을 실행하고 이르기 위한 수행은 서로 다르다. 동학은 인간 사회가 중심이다!

수련자연(修煉自然), 대동소이(大同小異)!

마음 한 가운데 일어나는 의심을 없애고 확신을 지녀야 한다. 그때, 인간 만사의 이치가 분명하고 떳떳하게 밝혀진다. 옛날부터 지금까지 인간 사회의 길을 살펴보면, 옛 성인이 펼친 길은 하늘을 공경하고 그 이법에 순응하는 일이다. 오늘, 우리의 교육적 사명도 마찬가지다. 사람이 마땅히 따르고 행해야 할 일들. 그것은 사람에게 달려 있다.

사리상연(事理常然), 인사소위(人事所爲)!

동학16 「수덕문」③-수심정기의 대명제 앞에

2022. 5. 29. 12:05

유학은 '인의예지(仁義禮智)'를 사람이 하늘로부터 품부 받은 본성으로 가정한다. 이를 삶 속에서 실현하는 작업이 성인(聖人)들의 가르침이다. 때문에 인의예지를 실현하고, 인간 세상에 올바르게 드러내는 양식이 중요하다. 여기에 터하여 동학은 '수심정기(守心正氣)'를 제기한다. 유학의 수양과 단련의 강화다.

유학과 동학은 우주 자연의 질서, 즉 천도(天道)를 파악하고 순종하는 작업에서는 동일하다. 그러나 흔히 사단(四端)으로 이어지는 인의예지(仁義禮智)는 사람이 태어날 때 하늘로부터 받은 성품으로, 사람이 사람다울 수 있는 근거다. 인(仁)은 '다른 사람'을 가엾게 여기는 마음의 근거다. 의(義)는 자신의 염치를 알아 올바르지 않은 일에 대해 자신의 잘못을 부끄러이 여기는 마음의 근거다. 예(禮)는 스스로 겸손하게 낮추고 사람을 공경하며 사회의 질서를 지키는 마음의 근거다. 지(智)는 옳고 그름, 선하고 악함, 바르고 그름을 가리는 마음의 근거다.

동학 교육의 독특성은 이 마음의 근거를 처리하는 양식에 있다. '수심정기(守心正氣)'는 '본래의 마음을 지키고 기운을 바르게 한다!'라는 의미다. 이때의 마음은 인간이 잉태(孕胎)의 순간에 받은 마음이다. 기운은 순수한 우주 자연, 세상의 기운을 말한다. 수심(守心)은 본원적으로 내 안에 자리하고 있는 우주 자연의 이법을 깨닫는 일과 연관된다. 즉, 우주 자연으로부터 받은 마음의 회복이자 수호(守護)다. 마음의 수호로 끝나는가? 아니다. 그저 마음을 지키는 데 그쳐서는 곤란하다. 이를 삶 속에서 구체적으로 바르게 구현하도록 가르치는 우주적 사업이다. 그것이 다름 아닌 정기(正氣)다.

'수심-정기'로 순환·지속하는 수행법은 동학 교육의 기본 원리다. 사람마다 자신 안에 지니고 모신 세상의 이법을 깨닫고, 자신의 마음을 회복하여 이를 바르게 실천하려는 의지! '수심-정기'를 통해 사람마다 우주 자연과 인간 사회의 이치를 회복하는 작업은 자기 안의 세상 법칙을 주체적으로 체득하는, 교육의 길이다. 우주 자연과 인간 사회의 올바른 뜻에 따르는 세상 삶의 실천이다. 다시 독해하면, 수심(守心)은 우주 자연의 질서를 내 안에서 회복하는 방식이다. 정기(正氣)는 우주 자연의 운행 법칙에 주체적으로 참여하는 양식이다. 이런 점에서 '수심정기'는 동학이 지시하는 교육철학의 대명제다.

'동학(東學)!' 이 신성한 교육철학 앞에 무엇이 드리우는가? 마음에서 일어나는 수많은 의혹들, 그것을 깨뜨려 없애는 일은 정성스런 마음을 지킬 수 있는 근원이다. 옷매무새는 단정하게 하라! 길을 걸어가며 음식을 먹는 천박함, 똑바로 서지 않고 뒷짐 지고 걷는 천한 행실, 문란하게 나다니는 불법, 누워서 기도하는 태만함! 사소한 것 같은 일상의 도리 앞에서, 다시 수심정기를 고려해야 한다.

동학17 「수덕문」④-용모선풍(容貌仙風)과 숙병해소(宿病解消)의 미학

2022. 5. 30. 06:36

교육도 아름다움을 구가(謳歌)할 수 있을까? 인간 사회의 미학을 드러낼 수 있는가? 가능하다면 어떤 차원의 예술일까? 인간 사회의 올바른 길이 세상에 행해지는, 자연스런 삶이 아닐까? 아마, '수심정기(守心正氣)!' 그 길에서 열정을 드높이며, 인생을 성장·성숙시켜 나가면, 동학의 교육미학이 보이지 않을까? 글씨를 쓰게 되면 명필인 왕희지(王羲之)처럼 잘 쓸 수 있다. 시(詩)를 짓게 되면 나무나 하고 꼴이나 베는 산골 사람일지라도 세상이 무릎을 칠 그런 노래를 부를 수 있게 된다.

투필자(投筆字), 개구창(開口唱)!

우주 자연의 섭리와 인간 사회의 이치를 꿰뚫는 세상살이의 법칙을 믿어라! 특히, 지난날의 허물을 뉘우쳐라. 이 뉘우침 자체가 삶을 풍요롭게 하는 밑천이다. 이렇게 깨달은 사람은 세상에서 제일가는 부자의 재물이 눈앞에 있어도 결코 부러워하지 않는다. 스스로 세상 이치에 밝게 되기에, 어떤 지혜나 총명도 부러워하지 않는다.

참구사인(懺咎斯人), 극성불선(極誠不羨)!

인간 사회의 길을 깨닫고 성숙시켜 나가면, 사람의 용모(容貌)가 신선(神仙)처럼 바뀐다. 떳떳하고 가슴이 쫙 펴지고 은은한 미소를 띠며 단정하다. 이유는 간단하다. 삶의 의지에 신선의 풍모가 깃들어 있기 때문이다. 인간 사회의 길에 성숙을 더하며 정진(精進)하면, 오랜 지병(持病)도 자연스럽게 낫는다. 명의(名醫)의 이름조차도 잊어버릴 정도로, 병에 대한 근심과 걱정에서 벗어난다.

용모풍취(容貌風吹), 숙병자효(宿病自效)!

교육의 미학이 이처럼 간단하다. 펼쳐낼 사안은 두 가지다. 하나는 용모가 선풍(仙風)을 자아낼 정도로 아름다움을 더하는 일이다. 동시에 그것은 몸을 병들게 한 병근(病根)을 뽑아내는 작업이다. 외면으로 드러나는 사람다운 용모와 내면에서 해소하는 해충 같은 숙병(宿病)을, 교육받은 사람은 절대적으로 감당(堪當)한다. 요컨대, 교육은 '감당의 미학'을 발휘하는 최전선이다.

동학18 「수덕문」⑤-깊은 깨달음의 정진

2022. 5. 31. 08:30

우주 자연과 인간 사회의 길을 깨닫기 위한 정진(精進) 과정은, 정신적·육체적으로 기적(奇蹟: miracle)을 불러온다. 하지만 기적으로 보이는 모습은 정진 수행 동안에 일어나는 특이한 현상일 뿐이다. 결코, 인간 사회가 의도하는 길을 다시 닦고 획득해 나가려는, 새로운 목적에 도달하려는 작업이 아니다. 올바른 인간 사회의 길을 깨닫고 우주 자연의 마음에 세우려면, 기적과 같은 모습에 구애되어서는 곤란하다. 인간 사회의 올바른 길을 깨달아 가는 정진 수행은 정성(精誠)과 교육(敎育)이 관건이다.

도성덕립(道成德立), 재성재인(在誠在人)!

세상 사람들은 헛소문을 듣고 헛된 길을 재촉한다. 때로는 왜곡된 진리를 듣고 외우는 사람들이 많다. 참으로 어처구니없는 일이다. 안타깝다. 깨달음이 간절하고 교육이 새삼 그리울 뿐이다. 저 빛나는 우주 자연의 순수한 이치, 인간 사회의 맑은 영혼이 잘못 깨닫게 될까 두렵다.

문류수송(聞流修誦), 민연동사(憫然憧思)!

세상이 자기 전개를 해 나갈 때, 잘못되고 있는 것은 세상에 제대로 참여하지 않아서다. 깨달음이 멀리 떨어져 있어서다. 서로 얼굴을 마주하고 교육을 펼치지 못해서다. 무엇을 탓하겠는가! 깨달은 마음과 정진하는 마음이 서로 비추고 응낙할 때, 서로를 그리워하는 마음이 담긴다.

빈빈성덕(彬彬聖德), 원조사회(遠照思懷)!

깨달음이 깊어질수록 함께 만나, 마음에 담긴 뜻을 흉금 없이 펼칠 때, 교육은 눈부심을 더한다. 무엇이 교육에 녹아드는가? 삼가고 새기며 실천할 교육의 양식!

근욕지목(近欲指目), 현신청언(賢愼聽言)!

6월

Mediterranean Landscape with a White House
Henri-Edmond Cross(French, 1856-1910)

동학19 「수덕문」⑥-마음의 확신에서 정성의 교육으로

2022. 6. 1. 06:20

우주 자연과 인간 사회의 순리는, 먼저, 마음으로 깨닫고 확신해야 한다. 이 마음의 확신은 열정(熱情)을 쏟고 정성(精誠)을 들이고 정진(精進)할 수 있는 근거다.

도심신성(道心信誠), 재사심정(再思心定)!

깨달은 마음, 그 내면의 정돈은, 조금도 흔들림 없는 올바른 믿음이다. 정성이 빚어내는 확신이다. 정성과 믿음은 인간 사회의 올바른 길을 담보하는 본원이다. 사람의 말은 믿음이 되고, 말을 이루는 일은 정성이 된다. 곧은 신뢰로 최선을 다할 때, 올바른 정성을 확보한다.

신수성성(信修成誠), 언성신성(言成信誠)!

교육이 어디에 있을까? 교육받는 존재들 모두가, 마음 깊이 확고하게 지녀야 할, 공경하고 또 정성을 다하는, 그런 교육!

명유신언(明諭信言), 경이성지(敬而誠之)!

동학20 「불연기연」-영원한 타자에서 내 안의 세계로

2022. 6. 2. 07:23

‘불연기연(不然其然)’은 서구의 형식논리학으로 이해하기에는 너무나 힘든 구조를 지니고 있다. 명칭 자체가, 말 그대로, ‘그렇지 않은 그러함’이다. 이 뭘까? 우주 자연과 인간 사회의 묘법(妙法)을 일깨우는 간절한 외침은 아닐까? 수운(水雲) 선생은 관(官)에 체포되기 한 달 전, 즉 1863년 11월, 「불연기연」, 이 경(經)을 썼다. 그것은 우주만물에 나타나는 ‘현상(現象)’과 그 현상의 근원이 되는 ‘본질(本質)’이다.

‘기연(其然)’은 인간의 경험과 인식으로 알 수 있다. 설명할 수 있다. 상대적으로 쉽게 판단할 수 있는 세계다. ‘불연(不然)’은 인간의 일상 경험으로 인식하기 어렵다. 이해하기 힘들다. 근본 이유를 구명하기가 쉽지 않은 세상이다. 인간의 일상은 겉으로 드러나 ‘형상’을 보인다. 그만큼 삶의 과정에서 구체적으로 판단하여 알 수 있다. 때문에 ‘기연(其然)’이라 일컫는다. 세계 자체가 ‘그러함’이다. 하지만 ‘불연(不然)’의 세상은 알 수 없다. 세상의 존재가 어떻게 생겨났을까? 어떠한 원리에 의해 생성 변화하는가? 그야말로 묘(妙)하다. 오리무중(五里霧中)과 같은 상황에서, 참으로 알 수 없는 질문(質問)의 지속을, 그야말로 끊임없이 이어나갈 뿐이다. 이 무엇일까? 때문에 ‘불연’이다.

서로 다른 영역을 지시하는 ‘기연’과 ‘불연’은 전혀 어울릴 수 없는 것처럼 보인다. 하지만 궁극적으로 둘 다 하나의 근원에서 나왔다. 『노자도덕경』 1장에 등장하는 사유와도 유사한 논리다.

> "하고자 함이 없으면 보이지 않는 것을 볼 수 있다. 하고자 함이 있으면 나타난 것을 볼 수 있다. 이 둘은 근원은 같다. 나와서 이름이 다를 뿐!" 상무욕이관기묘(常無欲以觀其妙), 상유욕이관기요(常有欲以觀其徼). 치양자동(此兩者同), 출이이명(出而異名)!

그렇다! 무언가를 하려는 욕망이 발동하면 현실 세계가 구체적으로 보인다. 반면, 그런 욕망이 없으면, 보이지 않는 세상, 즉 이상향의 소리도 볼 수 있다! 이 현실과 이상은 욕망을 사이에 두고 달리 나타나는, 그 궁극적 근원은 하나였다. 『노자도덕경』 40장에도 비슷한 사유가 보인다.

> "돌이킴이 도의 움직임이다. 부드러움이 도의 쓰임이다. 세상의 모든 존재는 유에서 나왔다. 유는 무에서 나왔다." 반자(反者), 도지동(道之動). 약자(弱者), 도지용(道之用). 천하만물생어유(天下萬物生於有), 유생어무(有生於無).

존재의 흐름은 '있음'과 '없음'의 사이에서 서로 기댄다. 상생(相生)을 절감(切感)한다. '불연'과 '기연'도 그렇게 의지한다. 기연과 불연의 사이에서, 인식을 달리하면, 불연이 기연이고 기연이 불연이다. '하나가 둘이고 둘이 하나다!' 또는 '하나이면서 둘이고 둘이면서 하나다!'

인간 사회는 유한하다. 우주 자연은 무한하다. 유한 존재(存在)의 세계와 무한 유전(流轉)의 세상은 그렇게 만난다. 동학의 '인내천(人乃天)'이 보여주는 세계가 그러하다. 사람이 하늘이다! 인간은 유한하지만 자연의 무궁 속에서 유영(遊泳)한다. 무한한 우주 자연의 법칙에 유한한 인간이 포근하게 안긴다. 무궁한 저 우주의 울타리 안에, 존재하는 나를, 깨달을 수 있다!

'기연'의 세계는 인간의 현실이다. 인간은, 그렇게 폐쇄적 세계에 갇혀, 삶의 모든 것이 순조롭게 진행되는 것으로 착각한다. 보이지 않는 자신의 세상을 스스로 막고 있다. '불연'의 세상은 보이지 않는 만큼, 자신의 세상이 아니라고 외면한다. 도달할 수 없는 세계로만 생각한다. '불연'의 우주 자연, 그 신성한 세상은 자신이 스스로 내친, 영원한 타자다.

그러나 다시 생각해보라! 우주 자연의 풀 한 포기 나무 한 그루, 물 한 방울조차도 인간과 연관되지 않은 존재가 있는가! 당장 눈앞에 보이지 않는다고, 알 수 없는 세상이라고, 배타적으로 대하던 모든 존재의 의미를, 깨달아야 한다. 그 불연의 세상을 깨우칠 때, 교육의 유기체적 묘법이 인간 사회에 들어앉을 수 있다.

동학21 「불연기연」①-존재의 기원과 분간의 어려움

2022. 6. 3. 06:25

「불연기연(不然其然)」의 첫 단락은 우주 자연과 인간 사회의 시원(始原)에 관한 인식을 담았다. 그것은 교육의 근원을 탐색하는 기준을 제공한다. 언제 어디서 누가 왜, 교육을 요청했을까? 무엇이 교육을 불러냈을까?

아주 먼 옛날, 우주 자연이 처음 이루어지고, 모든 존재가 생성될 때, 세상은 어떠했을까? 기독교의 논리라면, 간단하다. 세상은 하나님이 창조하였으므로 논의할 것이 없다. 하나님이 창조한 우주의 섭리(攝理)를 믿으면 그만이다. 그런데 그와 같은 사유를 개입하지 않는 경우, 세상은 각기 이루어짐이 있고, 각기 다른 형상을 내뿜는다.

천고만물(千古萬物), 각성각형(各成各形)!

세상을 형성하고 있는 존재에 대해, 그 외면만을, 일상의 시선에서만 바라보고 얘기하면, 곤란하다. 상당수의 인간은 겉으로 드러난 모습에 대해, '이러하다 저러하다'라고 논평하며, 자기만의 세계에 갇혀 쉽게 판단한다. 허나, 우주 자연의 세상이건 인간 사회의 세계건, 보이는 대로 그렇게, 만만하지 않다. 자의적 판단으로 단언할 일이 아니다.

이 세상의 존재는, 그 근원이 무엇일까? 어디로부터 왔을까? 어떻게 현재의 모습으로 형성되었을까? 아무리 헤아려 봐도 쉽게 알 수 없다. 추측(推測)만이 난무한다. 그것도 탐구로 예측한 엄밀성을 지닌 의견이 아닌, 막연한 기대나 제멋대로의 상상을 확신에 찬 듯, 꾸며댄다. 심오하고 정밀한 연구를 거치지 않은 발언은 위험하다!

우주 자연이라는 세상의 이치는 참으로 아득하다. 일상의 시선에서 멋대로 단언하는, 천박한 사유에서 너무나 멀고도 크다! 세상의 모든 존재, 만물의 근원을 헤아리는 작업은, 폭과 깊이를 헤아리기 어려운 만큼의, 교육적 대사업이다.

소견론지(所見論之), 기원심원(其遠甚遠)!

인간이라는 존재는 어떻게 이 세계에 태어났는가? 그 탄생의 비밀이 별도로 자리하는가? 멀리 생각할 것 없다. 나를 낳아주신 아버지 어머니가 계시므로, 나는 부모님으로부터 태어났다. 어떻게 태어났는지 고민할 필요는 없다. 단순하게, 아주 간단하게, 삶을 생각하면, 나의 탄생은 쉽게 알 수 있다. 나 이후의 세계도 마찬가지다. 후손들을 생각하면, 정돈된다. 후손들 또한, 부모님이 나를 낳았듯이, 내가 자식을 낳고, 자식이 손자를 낳고, 그런 삶이 계속된다.

부모재자(父母在玆), 자손존피(子孫存彼)!

미래에 도래할 세상은 어떠할까? 이 지점이 교육을 고민하게 만든다. 부모님이 나를 이 세상에 보내주었듯이, 후손들이 가꾸어갈 세상은 계속될 것이다. 그 아름다움을 위해 교육이 존재한다. 지나간 세상을 헤아려 보면, 할아버지 할머니, 그리고 또 그 할아버지의 할머니들,

인류 최초의 인간은 어떻게 탄생했을까? 기독교의 하나님처럼 인간을 창조하지 않았다면, 이 문제는 어떻게 다루어야 하는가? 인류 최초의 사람이, 어떻게 사람으로 태어나게 되었는가? 이 의심의 끝에, 분간하기 힘든 삶이, 혼란의 세계를 더욱 부추긴다.

내세사아(來世思我), 난분위인(難分爲人)!

동학22 「불연기연」②-근원의 불연(不然), 현실의 기연(其然)

2022. 6. 5. 10:10

원초적으로, 교육이라는 삶의 원 현상이, 인생과 밀착되어 있을 때, 그 원질(原質)을 헤아려 알 수 있겠는가? 교육의 본질적 작용을 '인격완성'에서 '문화전달', 그리고 '체제유지'와 '사회개혁'에 이르기까지, 그렇게 암기하듯, 인식해온 작업을 진리의 모체로 보아야 할까?

우주 자연과 인간 사회의 이법(理法)에 대해, 어떻게 헤아려 보는 것이 인류의 진보에 도움이 될까? 인간의 시선이 어디에 쏠릴까? 그 헤아려 봄이란? 인간이 감각적 차원에서 보고 듣거나 또는 일반적 수준에서 생각할 수 있는 사실들로 세상을 파악하면, 세상만사는 그저 그러하다. 무슨 특별한 일이 연속되기보다 그냥 보이는 대로 보고 들리는 대로 들으며, 생각할 뿐이다.

그런데 조금만 깊이, 다른 시선과 총명으로 탐색하면, 세상은 다른 경지를 펼쳐낸다. 최초의 인간은 어떻게 태어났을까? 또 세상만물은 어떻게 생겨나고 만들어졌을까? 이 알 수 없는 근원의 문제를 화두(話頭)에 두고, 미루어 생각하면, 최초의 인간, 그리고 세상만사의 출현과 진보는 모두 알 수 없는 영역에 머문다. 정말 알 수 없고, 다시 보아도 알 수 없다! '불연불연(不然不然)'의 세상이다.

유연착지(由然看之), 탐불연사(探不然思), 불연불연(不然不然)!

왜, 어찌하여, 그러한가? 중국을 중심으로 하는 동아시아 사회에서, 먼 옛날 인류 최초의 사람이라는 '천황씨(天皇氏)'는 자신을 나아준 부모가 없었다. 그런데 어떻게 '사람'으로 태어나 살아갈 수 있었을까? 자신에게 왕위를 물려준 임금도 없었다. 그런데 어찌하여 임금이 될 수 있었을까? 천황씨가 부모도 없이 세상에 태어났다는 사실! 이 어찌 '알 수 없는 일' 아닌가? 세상에 어떤 사람이 부모 없이 태어나는가? 그런 사람은 존재하지 않는다. 내 삶의 계보를 살펴보면, 위의 할아버지 할머니가 다음 할아버지 할머니를 낳고, 또 다음 할아버지 할머니를 낳아, 인류가 계승되어 왔다. 이것만이 엄연한 사실이고 진실이다. '기연기연(其然其然)'의 세계다.

인지무근(人之無根), 불왈불연(不曰不然), 기연기연(其然其然)!

교육의 본질은 그 기원을 알 수 없다. 다시 탐구해도 그렇다. 하지만 현실에서 수행되는 교육은 엄연한 사실이다. 다시 확인해도 그러하다. '불연기연(不然其然)'이다.

동학23 「불연기연」③-알 수 없는 근원의 기연(其然)

2022. 6. 5. 22:30

교육의 근원을 성찰(省察)하는 작업이, 정말, 어려운가? 아니면, 진정, 못하는가? 그것도 아니면, 아예, 할 필요가 없는 일이라, 안해야 하는 것인가? 어떤 관점이건, 동학(東學)이 '불연기연(不然其然)'의 교육적 속성을 충분히 고려하라는 외침은 교육의 본질을 재고(再考)하는 새로운 지침을 제공한다.

이 세상을 위해, 인간은 천황씨(天皇氏)를, 임금으로 그리고 스승으로 삼았다. 임금은 법(法)을 통해 정치를 하고, 스승은 예(禮)를 통해 교육을 한다. 예(禮)와 법(法)을 구현하는 문제는 인간의 삶을 추동하는 핵심 활동이다. 인류 최초의 임금이 된 사람, 즉 천황씨는 그 자리를 물려준 이전의 임금이 없었다. 그런데 세상을 다스릴 법과 강령을 어디에서 받았을까? 인류 최초의 스승이 된 사람, 즉 천황씨는 가르침을 베푸는 스승이 없었다. 그런데 세상 사람을 가르칠 예와 의리를 어디에서 본받았을까? 참으로 알기 힘든 일이다! 정말 알지 못할 일이다!

법조예교(法造禮教), 예의안효(禮義安效)!

천황씨는 태어나면서 모든 사안에 대해 저절로 다 아는 사람인가? 이른바 '생이지지(生而知之)'의 존재인가? 아니면, 아무 일도 행함이 없는데도 저절로 되어가는 사람인가? 이른바 '무위이화(無爲而化)'의 존재인가? 그렇지 않다면, 그의 능력은 어디에 근거하는가?

아무리 '생이지지'에 근거한다고 해도, 사람인 이상, 마음 한구석에는 조금이라도 무지(無知)의 측면이 남아 있지 않을까? 이런 의심조차도 교육적 안타까움을 더한다. 그런 만큼 알 수 없는 영역이 존재하지는 않을까?

아무리 '무위이화'에 의거한다고 해도, 인간인 이상, 사회 한구석에는 조금이라도 유위(有爲)의 차원이 남아 있지 않을까? 이런 의혹조차도 교육적 성찰과 탐구를 고려하게 만든다. 그런 만큼 이치가 아득하다. 멀기만 하다! 이 무엇인가?

생지무화(生知無化), 심암원망(心暗遠茫)!

동학24 「불연기연」④-유형의 차원, 무형의 이치

2022. 6. 6. 23:30

세상에 '근거 없는 근거'가 있을까? '원인 없는 원인'이 존재할 수 있는가? 실존철학에서는 이에 대해 의미를 부여하기도 한다. 알베르트 카뮈의 소설 『이방인』에서 뫼르소는 강렬한 햇빛을 살인의 동기나 원인처럼 지목한다. 근거 없는 근거다. 교육도 그러할까? 참으로 난제(難題) 가운데 난제다.

앞에서 몇 번이나 언급했듯이, 중국의 전설에서 천황씨는 인류 최초의 임금이자 스승이다. 하지만 그에게 예법을 물려준 임금이나 스승은 없다. 그럼에도 불구하고 그는 예법을 통해 정치와 교육을 구현했다. 엄연한 사실이다. 이 무엇인가? 일반적 경험이나 인식으로는 도저히 납득되지 않는다. 때문에 '불연(不然)'이라 한다. 세상에 이런 일들이 허다하다. 교육에서도 그러하다. 인간은 이런 '불연'에 대해 알 수 없다. 그러므로 불연에 관해 말하지 않는다!

부지불연(不知不然), 불왈불연(不曰不然)!

그러나 기연(其然)은 다르다. 알 수 있다! 때문에 인간은 '기연'의 일을 믿는다. 그것이 상식이다. 교육도 그러하다. 그 기본 원리는 우주 자연의 존재가 어떠한지를 파악하는 작업이다. 천지만물의 외형을 헤아려 보고, 만물이 형성된 근본 원리를 상고하는 일이다. 교육적 인식이 그 가운데 끼어든다. 세상의 존재가 그런 존재가 된 법칙은 무엇인가? 또 세상 존재가 존재를 이루는 이치가 어떠한가?

췌말구본(揣末究本), 위물위리(爲物爲理)

동학이 주창(主唱)하는 세상 이해와 세계 파악의 대업(大業)은 아득하다. 너무나 멀다. 무한 세상과 유한 세계의 '파악(把握)과 장악(掌握) 사이'에서, 존재의 외적 형상과 존재의 내적 근본을 찾아서, 우주자연이 보여주는 유형의 차원을 헤아리고, 무형의 이치를 더듬으며, 교육은 기연의 사태를 해소하기 위한 몸부림 가운데 하나다. '불연'을 초월한 '기연'의 인식과 실천이다.

동학25 「불연기연」⑤-불연의 탐험

2022. 6. 7. 22:20

세상은 계기(契機)에 따라 전환한다. 결정적 원인이나 기회를 통해 성장한다. 사물의 운동이나 변화하고 발전하며 전개를 거듭하는 본질적 사정이 존재한다. 교육도 그러하다. 문명의 전환은 교육의 전환을 인도하고, 교육은 문명의 성숙을 유도한다. 그런 상황이 운세(運世)다.

『동경대전』은 말한다. "이 세상 사람들이여! 이제 하늘의 이치가 밝아, 운(運)에 따라 새로운 세상이 열린다. 어찌 이를 알지 못하는가! 어찌 이를 알지 못하는가!" 역사의 수레바퀴는 늘, 쇠퇴하는 기운은 보내고 솟아오르는 기운을 맞이한다. 쇠운(衰運)은 가고 성운(盛運)이 온다. 이 간단한 원리를 인식하지 못하니, 답답할 뿐이다.

무지무지(無知無知), 수정기년(數定幾年)!

수정기년(數定幾年)! 새 운(運)이 올 수가 정해진 지 벌써 몇 해나 지났을까? 천지 운행의 시간적 흐름이 그러하다. 마찬가지 논리로, 교육의 패러다임 전환이 이루어진 지 얼마나 되었을까? 이제 겨우 과학기술문명의 기계적 성과만을 교육에 이용하려고 발버둥치고 있다! 교육의 근본 이치가 어디에 있는가! 근본과 본질을 성찰하지 않은 안타까움을 어떻게 처리해야 하는가! 새로운 세상, 새로운 교육을 열어갈

운은 자연스럽게 오기 마련이다. 스스로 와서 회복한다. 옛날이나 지금이나 자연의 질서, 그 떳떳한 섭리는 변하지 않는다. 그런데 어찌 운(運)이라 말하고, 어찌 이 운(運)이 회복되었다고 강변하는가!

운자래복(運自來復) 고금불변(古今不變)!

우주 자연의 존재에 작용하는 질서, 즉 천도(天道)는 영고성쇠(榮枯盛衰)를 거듭한다. 꽃이 피어났다 조금 있다 시들 듯이, 인생도 무상(無常)하다. 변화할 뿐이다. 우주 자연의 수많은 변화 가운데, 저 '불연(不然)'으로 인식되는 차원! 이를 헤아리고, 밝히고, 또 기록하는 작업! 교육은 그 가운데서 모험(冒險)하고 탐험(探險)하는 시찰(視察)이다. 무엇을 거울로 삼겠는가?

운복불연(運復不然), 수명기감(數明記鑑)!

동학26 「불연기연」⑥-불연의 너비와 깊이

2022. 6. 8. 23:10

세상은 인간이 생각하는 대로 흐르지 않는다. 그러기에는 보이지 않는 세계가 너무나 많다. 인간의 일반적 경험으로 이해할 수 없는 영역이 세계를 휘감는다. 그 '불연(不然)'의 일들을 헤아리고 밝히고 기록하고 거울삼는 작업이, 동학이 강조하는 교육의 형이상학적 원리다. 불연의 일을 밝히는 작업은 다음과 같은 예시로 정돈된다.

사계절, 즉 '봄-여름-가을-겨울'은 일정한 순서로, 조금도 어긋나지 않고, 바뀌고 바뀐다. 이런 질서는 어찌하여 그렇게 되는가? 어찌하여 그렇게 되는가! 산은 아래에서 위로 높이 솟아 오른 지대를 말한다. 물은 위에서 아래로 낮은 곳으로 흐른다. 그것이 산과 물의 성질이다. 어찌하여 물이 아래에서 위로 솟구쳐 올라, 천지(天池)와 같이 커다란 호수가 백두산 꼭대기에 있는가? 그것이 가능한가? 그것이 가능한 일인가!

사시유서(四時有序), 위연위연(爲然爲然)!
산상유수(山上有水), 가연가연(可然可然)!

어린 아이는 너무나 어리기에 말도 제대로 못하는데, 오히려 자기 부모를 알아본다! 어찌 알지 못하는가? 어찌 알지 못하는가! 세상 사람들이여! 말 못하는 어린 아이도 알고 있는데, 어찌하여 자신이 태어난 생명의 근원, 우주 자연과 인간 사회의 섭리(攝理)를 알지 못하는가?

무지무지(無知無知), 세인무지(世人無知)!

성인(聖人)은 존재하는가? 세상에 태어난 성인이, 저기에 자리한다. 황하(黃河)의 물은 천년에 한 번 맑아진다. 성인이 탄생할 운(運)이 자연스럽게 회복되어, 이로 말미암아 황하의 물이 맑아지는가? 아니면 황하의 물이 성인의 탄생을 알고, 그 징조로 스스로 맑아지는 것인가?

운자래복(運自來復), 수자지변(水自知變)!

밭을 가는 소는 농부의 말을 알아듣는다. 농부가 부리는 대로 일한다. 소는 농부의 생각을 알고, 농부가 하는 말을 알아듣는다! 소는 사람보다도 훨씬 힘이 세다. 사람이 자기를 부릴 때 덤벼들 수도 있다. 그런데 어찌하여 덤벼들지 않고, 사람이 부리는 대로 일할까? 어려움을 스스로 겪으며, 끝내는 죽임을 당하게 되는가!

경우문언(耕牛聞言), 유심유지(有心有知)!
역지족위(力之足爲), 하이고사(何以苦死)!

까마귀 같은 조류도, 새끼 때 어미가 먹이를 잡아와 먹여 주던 것을 알고, 늙은 어미에게 먹이를 물어다 준다. 반포(反哺)의 은혜를 갚는다! 저들도 효도와 공경을 아는가!

오자반포(烏子反哺), 피지효제(彼知孝悌)!

봄이 되면 강남 갔던 제비가 어김없이 옛 주인의 집으로 날아온다. 주인의 집이 아무리 가난해도 다시 돌아온다. 그 주인의 집이 아무리 가난해도 또 다시 돌아온다!

현조지지(玄鳥之知), 빈귀역귀(貧歸亦歸)!

이러한 불연의 너비와 깊이를 어떻게 헤아릴 수 있을까? 마음의 문제일까? 세상의 무한과 세계의 유한이 인간에게 준 선물인가!

동학27 「불연기연」⑦-불연기연의 사(事)와 리(理)

2022. 6. 9. 23:30

불연(不然)과 기연(其然), 기연(其然)과 불연(不然), 다시, 오묘(奧妙) 그 자체로서 유기체(有機體)인 불연기연(不然其然)! 기연불연(其然不然)! 이 모든 것을 간략하게 요약하면, 다음과 같다.

인간의 일반적 경험이나 식견(識見)을 바탕으로, 반드시 '그렇다'라고 말하기 어려운 세상, 그것이 '불연(不然)'이다. 사람의 식견으로 판단하여 '그렇다'라고 딱 잘라 말하기 쉬운 세계, 그것은 '기연(其然)'이다.

난필불연(難必不然), 이단기연(易斷其然)!

멀고 먼 근원을 헤아려, 이에 견주어 보면, 그것은 불연이자 불연이고 또 불연의 일이다. 이 모든 일을, 조물자의 이치에 부쳐서 보면, 그것은 기연이자 기연이고 또 기연의 이치다.

구원조물(究遠造物), 불연지사(不然之事), 기연지리(其然之理)!

동학28 「불연기연」⑧-동학의 주문

2022. 6. 10. 23:30

<주문(呪文)>

☯ 선생주문(先生呪文)

❍ 강령주문(降靈呪文)

지기금지사월래(至氣今至四月來)!

최고의 기운이 이제 이르러 봄기운 왕성한 시절인 사월이 왔습니다!

❍ 본주문(本呪文)

시천주령아장생무궁만사지(侍天主令我長生無窮萬事知)!

우주자연의 진리를 인간사회의 진실로 이어짐을 깊이 깨닫고, 나에게 오래토록 생명력을 간직케 하여, 끝없이 모든 일을 아는 지혜를 불어 넣으십시오!

☯ 제자주문(弟子呪文)

❍ 초학주문(初學呪文)

위천주고아정영세불망만사의(爲天主顧我情永世不忘萬事宜)!

우주자연의 진리를 인간사회의 진실로 이어짐을 배우고, 내 본성을 돌아보며, 한평생 잊지 않아 모든 일이 마땅히 처리되기를 바랍니다!

❍ 降靈呪文(강령주문)

지기금지원위대강(至氣今至願爲大降)!

최고의 기운이 이제 이르러, 크게 내리는 인생이기를 마음에 품습니다!

☯ 本呪文(본주문)

시천주조화정영세불망만사지(侍天主造化定永世不忘萬事知)

우주자연의 진리를 인간사회의 진실로 이어짐을 깊이 깨닫고, 세상의 질서가 그렇게 정해져 있음을, 한평생 잊지 않아 모든 일을 아는 지혜를 불어 넣으십시오!

동학29 「탄도유심급」①-굳건한 마음

2022. 6. 16. 15:30

탄도유심급(歎道儒心急)!

무엇이, 어찌 마음이 그리 급하신가! 『동경대전』에는 독특한 교육 철학이 담긴 기록이 하나 보인다. '마음공부'와 직결되는 어록이다. 수운(水雲) 선생이 언제 기록한 것인지 분명하지 않다. 내용으로 미루어 볼 때, 어느 정도의 포덕이 진행된 후, 여러 제자들이 조급하게 인간의 길을 결정짓고, 새로운 세상을 희망할 때 내놓은 염원인 듯하다. 즉 제자들에게 '조급한 마음'을 없애고, 차분히 수련에 임할 것을 소망하는 마음이 간절하다. 그런 만큼, 수양과 단련에 임하는 사람에게 좋은 길잡이가 되는 글이다. 수련에서 가져야 할 자세, 마음가짐, 마음을 닦는 방법 등이 실제적으로 담겨 있다. 그 큰 밑그림은 단순하다.

온 세상을 아우를 크나큰 운이 인간에게 다가왔다. 이 크나큰 운은 인간의 길과 함께 한다. 그만큼 근원이 아주 깊다. 이치가 매우 멀다. 참으로 곧고 굳건한 마음을 지녀야, 인간의 길이 무엇인지 그 진정성을 알게 된다. 오로지 변치 않는 한결같은 마음을, 우주 자연의 섭리와 인간 사회의 법칙을 존중하는 데 두어야, 모든 존재가 우주 자연과 인간 사회의 뜻에 부합할 수 있다.

고아심주(固我心柱), 일념재자(一念在茲)!

동학30 「탄도유심급」②-교육의 마음 자세와 태도

2022. 6. 17. 09:20

마음을 어떻게 대해야 하는가? 나의 마음, 너의 마음, 우리 마음! 저 우주 자연의 기운찬 세상이 품은 마음, 그것이 인간 사회의 약동하는 생명 세계를 담는 마음으로 들어올까? 인간 사회의 마음이 우주 자연으로 마음으로 퍼져갈까?

인간이 언표(言表)한 '마음[心]'이라는 기관(器官: organism), 그것이 운동하며 움직이는 저 현상은 무엇일까? 감각하며 느끼는 저 자극의 반응은 무엇으로 보이는 걸까? 영양(營養)을 통해 생명을 유지하는 저 성장의 통증(痛症)은 무엇을 의미할까? 생식(生殖)으로 새로 낳아 끈을 이어가는 저 성숙(成熟)의 경험은 무엇을 축적해 나갈까? 어쩌면 교육의 모든 문제가 운동과 감각과 영양과 생식을 주관하는 마음의 기관차(機關車)를 타고 가는지도 모른다.

『동경대전』의 「탄도유심급」의 기록은 그 마음가짐에서 경계할 태도, 동학의 교육 문제를 다음과 같이 설파(說破)한다.

탁한 기운! 즉 흐리고 더러운 기운을 모두 쓸어 없애라! 어린아이를 보듬고 다독이듯, 맑은 기운을 길러야 한다.

소제탁기(消除濁氣), 아양숙기(兒養淑氣)!

그것은 단순하게 나와 너, 그리고 우리의 일상적 마음만을 가진다고 되는 작업이 아니다. 정작 중요한 사안은 따로 있다. '바른 마음'을 지녀야 한다! 바른 마음! '정심(正心)'이다.

비도심지(非徒心至), 유재정심(惟在正心)!

올바른 이치를 터득할 수 있는 총명은 우주 자연의 가운데 자연스럽게 생육(生育)한다. 낳고 길러지는 만큼 은은하게 우러나온다. 때문에 다가오는 모든 사안은 우주 자연이 지닌 본원 생명의 이치와 기운으로 인간 사회를 채울 수 있다. 우주 자연 생명의 인간 사회로의 회귀다! 궁극적으로는 인간 사회가 우주 자연으로 돌아가 생명력을 갖추는 사업이다.

은은총명(隱隱聰明), 화출자연(化出自然)!

그 중심에서 교육을 생각해야 한다. 무엇보다도, 교육에 임하는 사람은, 자신의 마음에, 아주 하찮을지라도, 다른 사람의 단점이나 잘못이나 허물을 두고 행동하지 않아야 한다. 조그마한 지혜일지라도, 자신이 가진 장점이나 여유를 다른 사람에게 베풀 수 있는, 그런 마음을 지녀야 한다.

세과소혜(細過小慧), 이시어인(以施於人)!

인간이 살아가는 동력은 '기(氣)의 운동'이다. 기(氣)는 마음을 움직인다. 생활을 채워 실행하는 힘이다. 이 기는 맑고 흐린 차원이 있다.

맑은 기로 마음을 움직이면, 옳고 바른 마음씀씀이나 정의로운 행동이 펼쳐진다. 유학에서 강조하는 중용(中庸)과 유사하다. 흐린 기로 마음을 움직이면, 비뚤어진 나쁜 마음 씀씀이나 부당한 행동이 횡행한다. 교육은 흐린 기를 없애고, 맑은 기를 채우는 작업이다. 순수한 어린 아이의 마음으로 되돌리듯, 불교의 '회심(回心)' 작업과도 같다. 갓난 아기의 적자심(赤子心)을 조심스럽게 길러나가는 작업과도 상통한다.

그런 마음을 최고의 순수함으로 되돌리는 노력은 매우 중요하다. 하지만 단순하게 그러기 위해 마음을 먹는다고 되는 일인가? 결코 아니다. 교육에 임할 때는 단순하게 마음먹어서는 곤란하다. 무엇보다도 마음을 '바르게' 하는 것이 중요하다. 바르지 않은 마음을 펼치면 부정적 결과를 초래한다. 품격을 갖춘 인간이 아니라 교양 없는 인간을 양육하는 꼴이 된다. 교육의 역효과다.

그 교육의 과정에서 억지로, 인위적이고 의도적이기보다는, 자신도 모르게 우러나게 하는 방법이 괜찮다. 탁기(濁氣: 흐린 기운)를 조금씩 줄여 없애고, 숙기(淑氣: 맑은 기운)를 조금씩 늘려 채워서, 정심(正心: 마음을 바로 세움)하면, 자연스럽게 총명(聰明)이 우러나온다. 그 은은히 밝고 맑은 기운이 삶의 행복을 담보한다.

이 행복의 조건 가운데 핵심이 배려(配慮)다. 타인이 지닌 미미한 실수조차도 내 마음에 두지 말라! 사람을 헐뜯으며 자신을 높이기보다 자신의 재능이 조금이라도 남아 있다면, 사회에 기여할 방법을 고심하라! 그 조그만 지혜는, 인간 사회의 저 큰 발에 뿌리는 한 톨의 밀알이다.

동학31 「탄도유심급」③-조급하지 않은 마음 가운데

2022. 6. 19. 22:20

인간은 일상에 좇기는 걸까? 쫓기는 걸까? 내가 일상을 따라 가는가? 일상이 나를 따라 오는가? 어쩌면 인생은, 무언가를 좇고, 무언가에 쫓기는, 저 요원한 시공간의 소용돌이인지도 모르겠다. 이 가운데 마음이 자리한다면, 그것은 조급(早急; 躁急)하지 않아야 한다. 아직 때가 오지도 않았는데, 갑자기 설쳐대서는 곤란하다. 성급(性急)하게 떠들어 대지 말라! 우주 자연의 생명, 인간의 활기는, 그렇게 급(急)하게, 갑작스럽게, 부여되는 에너지가 아니다.

『동경대전』은 기록한다. 우주 자연의 본원, 이 큰 생명의 길을, 저 조그마한 하찮은 일, 즉 자기만을 위하는, 오직 개인적 복(福)을 비는, 그런 곳에 온갖 정성을 들이며 목숨 걸지 말라! 인간 사회 모두를 위하는 큰일을 마주하여 마음을 헤아리면, 자연스럽게 우주 자연의 본원적 생명력이 스며든다. 그 생명력이 한울님으로 표현된다.

물성소사(勿誠小事), 진료유조(盡料有助)!

인간의 길에 '대도(大道)'가 따로 있고 '소로(小路)'가 따로 있는가? 세계와 사물을 마주하는 자세에 따라, 큰 길과 작은 길, 넓은 길과 좁은 길, 깊은 길과 얇은 길, 그 차이가 드러날 수는 있으리라. 특히, 이기적 성향이 두드러질 때, 길의 폭과 깊이가 확연하게 구별되리라. 어써면 인간은 근원적으로, 순자(荀子)가 '성악(性惡)'을 부르짖으며 시기(猜忌)와 질투(嫉妬)를 말했듯이, 욕망(欲望) 가득한 이기적 동물인지도 모른다. 인간은 이런 욕망을 극복하기 위해, 보다 합리적인 스스로의 삶을 위해, 예의(禮義)와 법도(法度), 교육(敎育)을 요청했던 것이 아닐까?

우주 자연의 생명 길을 인간 사회에 구현하는 작업! 그것은 지난한 교육의 길이다. 그 교육의 길은, 인간의 기국(器局)에 따라 크게 깨달을 수도 있고, 또 작게 깨달을 수도 있다. 지금 당장 눈앞에, 우주 자연의 생명력이 활력 넘치게 꿈틀대지 않는다고, 마음을 조급하게 갖지 말라! 교육이라는 화두를 잡고 정진하여 공을 이루는 그날, 반드시 우주 자연의 생명력이 인간 사회로 스며들어 활력 넘치는 인연으로 다가올 것이다. 아니, 인간 사회가 우주 자연의 생명력을 확보하여 삶의 활력을 돋우리라.

기국심급(器局心急), 성공선록(功成仙緣)!

기국(器局)은 인간의 도량과 재간이다. '기량(器量)'이라고도 하고 '국량(局量)'이라고도 한다. 기(器)는 그릇이다. 일상에 쓰이는 기계나 기구다. 인간의 몸에, 그 신진대사(新陳代謝)를 위한 생식기이자 호흡기다. 국(局)은 세상이 돌아가는 형편이나 장면이다. 인간 사회가 어떤가? 인간 각자의 재능이나 도량에 따라 쓰임이 제한된다. 그 제한을 보완하는 장치가 업무 분장(分掌)이다. 분장을 통해 서로를 이해하고 배려하며, 맡은 사업의 완성을 꾀한다.

사람 됨됨이에 따라, 각양각색의 세계를 깨달아야 한다. 각양각색의 세계는, 그저 자기 앞만 바라보고 나아가는, 불통(不通)의 외줄만을 타고 달리는, 홀로 있을 때 괴로움으로 점철된, 그런 인생이 아니다. 갈등과 모순을 안고 있으면서도, 조화(調和)의 열차를 타고 달리는, 홀로 있을 때 즐거움으로 충만한, 그런 삶을 추구한다.

인생의 틀을 짜 나갈 때, 무엇을 보아야 할까? 마음을 조급하게 갖지 말라. 조급한 마음 가운데는 어둠의 빛이 가물가물거린다. 그 경계가 분명하지 않은, 저 세계의 깊고도 묘한 이치만이 번쩍인다. 깊고도 묘한 물결과 바람결, 그 현기(玄機)의 알맹이를 밝히는 교육에 들어설 때, 인생의 희로애락을 담은 숨결이 다가올 수 있다. 이 인연의 시작에서 생명력이 살아 숨쉰다.

동학32 「탄도유심급」④-인간의 길이 멀리 있는가?

2022. 6. 21. 22:30

나 자신에게 다시, 진지하게 질문해 본다. 내 인생을 추동하는 힘은 무엇인가? 그것은 어디에서 나오는가? 내 삶을 이끌고 가는 에너지는, 내 몸 어디엔가 자리하고 있다. 그것은 부정할 수 없는 사실(事實)이다. 그런데 그 사실에서, 나라는 존재의 집에 살게 만드는 진실(眞實)은, 어떻게 조성(造成)되고 있을까? 현실(現實)에 드러나는가? 무엇이 확실(確實)할까? 내가 늘 간직하고 있는 네 가지 알맹이, 즉 사실(四實)-사실·진실·현실·확실-을 두고 성찰하니, 또 『노자도덕경』의 표현처럼, '현지우현(玄之又玄)'의 세상이다. 그윽하고 신비한, 아득하고 심오함! 그뿐이다.

이런 세상을 달관(達觀)한 듯, 『동경대전』은 다시 기록한다. 마음! 본래 모양도 없고 보이지도 않는 그것! 비어 있는 것과 같은, 세상의 모든 존재와 마주해도 자취가 나타남이 없는, 저 무엇인가? 그러나 인간은 이러한 마음을 닦아야만 한다. 수심(修心)! 아니, 지켜야 한다. 수심(守心)! 우주 자연의 본원적 생명을 깨달아야 한다. 그래야 인간 사회가 존재하고 지속하는 근원을 알고, 그 은덕을 성찰할 수 있다. 한울님의 체화(體化)다. 교육은 그 근원과 은덕을 밝히는 사업이다.

심허응물(心虛應物), 심수덕명(心修德明)!

마음의 본바탕이 비어있다고? 허심(虛心)이라고? 비어 있는 마음이라면, '아무 것도 없다'는 소리인가? 그렇다면, 인생은 어디 있는가? 저 '행(幸)-불행(不幸)'이 갈마 드는 삶의 마당이 어떠하단 말인가! '비어 있어 아무 것도 없는', 그건 아닌 듯하다. 마음을 비우는 작업인 허심은 마음의 근본 자리인 본심(本心)을 회복하는 노력이다. 노자가 말한 것처럼 '무위(無爲)'를 기억하며, 인간의 '선(善)-악(惡)'이나 '미(美)-추(醜)', 또는 '시(是)-비(非)'와 같은, 분별이 아니라, 그 이전의 마음 상태로 돌아감을 뜻한다. 분별(分別)로만 가득 찬, 차별(差別)을 조장하는 저 마음을, 세상의 모든 존재가 만나면서, 그 만남 가운데 대응(對應)하고 적응(適應)하고 상응(相應)하며, 용융(熔融)하여 응용(應用)하는, 그런 마음의 업그레이드다.

그러나 그 교육의 심장부는 어디에 있는가? 인생을 깨닫고 성취하는 작업이 정말 어떤 자리에서 버려갈까? 그 본원은 우주 자연의 생명력에 의지한다. 인간 사회의 이기적이고 인위적인 억지 행동에서 이룩되는 것이 아니다. 그 교육의 성공은 세상이 지닌 생명력 대한 확신에 있다. 그 확신은 단순하게 개인적인 공부로만, 개체의 수련만으로 이룩되지는 않는다.

덕부재인(德不在人), 신부재공(信不在工)!

인간의 길은 가까이 있는가? 그렇다. 인간 사회를 떠나, 인생을 버리고, 저 멀리 있는 것이 아니다. 삶의 정성에 있다! 억지로 구한다고 생기는 것이 아니다! 가까이에서 최선을 다해 추구하라!

세상의 모든 존재가 생명력을 구가하는 이치나 모든 존재가 활기

차게 자신을 드러내는 현상! 그것은 본원에서는 서로 같다. 그러므로 모든 존재를 아우르는 근본 이치를 밝히는 인간의 길은, 멀리 있는 것처럼 느껴질지라도, 결코 멀리 있는 것이 아니다. 우리 삶 속에 자리한다.

근원성구(近遠誠求), 사원비원(似遠非遠)!

그렇다면, 마음공부가, 교육의 모든 사업을 포괄하는가? 공부의 전부(全部)인가? 삶의 모두(冒頭)인가? 『중용』에서 말했듯이, 일상의 길은 멀리 있지 않다. 인간의 손에 도끼 자루를 들고, 저 숲에 자라는 나무들 가운데 하나를 골라 도끼 자루를 베듯이, 내 일상의 문방사우(文房四友) 가운데 이미 담겨 있다!

동학33 「여덟 구절에 담은 뜻」①-알지 못하거든

2022. 6. 22. 23:20

교육에 관한 동학의 노래가 돋보이는 기록이 간결하게 전해 온다. 여덟 구절로 된 시구다. 두 개의 노래다. 먼저 기록한 것은 <전팔절>이고 나중에 기록한 것은 <후팔절>이다. 나는 그것을 '동학교육가(東學敎育歌)'라 명명한다. 동학 교육의 노래!

「전팔절(前八節)」

부지명지소재(不知明之所在), 원불구이수아(遠不求而修我)!
부지덕지소재(不知德之所在), 요오신지화생(料吾身之化生)!
부지명지소재(不知命之所在), 고오심지명명(顧吾心之明明)!
부지도지소재(不知道之所在), 탁오신지일여(度吾信之一如)!
부지성지소치(不知誠之所致), 수오심지불실(數吾心之不失)!
부지경지소위(不知敬之所爲), 잠불이어모앙(暫不弛於慕仰)!
부지외지소위(不知畏之所爲), 염지공지무사(念至公之無私)!
부지심지득실(不知心之得失), 찰용처지공사(察用處之公私)!

밝음이 있는 곳을 알지 못하거든, 멀리서 구하지 말고 나를 닦아라!
얻음이 있는 곳을 알지 못하거든, 내 몸의 거듭남을 헤아리라!
목숨이 있는 곳을 알지 못하거든, 내 마음의 밝고 밝음을 생각하라!
길이 있는 곳을 알지 못하거든, 내 믿음이 한결 같은지를 헤아리라!

정성이 이른 곳을 알지 못하거든, 내 마음을 잃지 않았는지 헤아리라!
깨달음이 행하는 곳을 알지 못하거든, 잠시라도 그리워하는 일을 늦추지 마라!
두려움이 행하는 곳을 알지 못하거든, 가장 공적이며 사적인 일이 없는지를 생각하라!
마음이 얻고 잃을 것을 알지 못하거든, 쓰여서 처리하는 일이 공적인지 사적인지 살피라!

여덟 구절에 담긴 의미가 심오한 것 같다. 그러나 자세히 보니, 그냥 일상(日常)일 뿐이다. 삶 자체에서 자신을 가꾸고, 세상을 빚어나가는 원리를 담은 노래일 뿐이다. 그 시작은 '부지(不知)'다. '알지 못하거든', 쉽게 말하면, '모르면'이다.

'명(明)-덕(德)-목(命)-도(道)'와 '성(誠)-경(敬)-외(畏)-심(心)'! 이 단말마(斷末魔) 같은 여덟 글자가 삶의 품격을 일러준다. 저 모진, 고통스런 외마디 가운데 스며든 메시지가 삶의 환희를 유도한다. 절망의 고통을 외친 비애(悲哀)의 노래이자 희망의 환희를 읊은 애련(愛戀)의 노래 속에서.

앞의 네 구절에 담은 '밝음-얻음-목숨-길'은 인간 사회를 형성하는 근본이다. 그러기에 멀리서 구하지 말고 수신(修身)하는 작업에서, 거듭남을 헤아리고, 밝음을 생각하고, 자기 확신을 고려한다. 앞의 구절을 조건으로 뒤의 네 구절은 대답하는 형식을 취한다. '정성-깨달음-두려움-마음'! 그것은 개인적 사회적 마음 회복 절차다. 그러기에 내 마음의 실종(失踪) 여부를 헤아리는데서 시작하여 그리워하는 일, 공사 구분, 일 처리에 이르기까지, 심각하고 진지하게 성찰한다.

동학34 「여덟 구절에 담은 뜻」②-다시, 알지 못하거든

2022. 6. 23. 8:10

「후팔절(後八節)」

부지명지소재(不知明之所在), 송여심어기지(送余心於其地)!
부지덕지소재(不知德之所在), 욕언호이난언(欲言浩而難言)!
부지명지소재(不知命之所在), 리사연어수수(理査然於授受)!
부지도지소재(不知道之所在), 아위아이비타(我爲我而非他)!
부지성지소치(不知誠之所致), 시자지이자태(是自知而自怠)!
부지경지소위(不知敬之所爲), 공오심지오매(恐吾心之悟昧)!
부지외지소위(不知畏之所爲), 무죄지이여죄(無罪地而如罪)!
부지심지득실(不知心之得失), 재금사이작비(在今思而昨非)!

밝음이 있는 곳을 알지 못하거든, 내 마음을 본래 자리로 보내라!
얻음이 있는 곳을 알지 못하거든, 말이 크고 넓어 말하기 어려움을 기대하라!
목숨이 있는 곳을 알지 못하거든, 이치가 주고받음에 오묘함을 깨우쳐라!
길이 있는 곳을 알지 못하거든, 내가 나 됨으로 다른 것이 아님을 알아라!
정성이 이른 곳을 알지 못하거든, 스스로 자신이 게으름을 인정하라!
깨달음이 행하는 곳을 알지 못하거든, 내 마음이 터득한 몽매함을 두려워하라!

두려움이 행하는 곳을 알지 못하거든, 죄 없는 곳에서 죄 있는 것처럼 하라!
마음이 얻고 잃을 것을 알지 못하거든, 이제 지난날의 잘못을 생각하라!

다시, 반복되는 저 여덟 구절! 그 핵심인 '명(明)-덕(德)-목(命)-도(道)'와 '성(誠)-경(敬)-외(畏)-심(心)'의 여덟 글자가 부지(不知)의 깨달음을 인도한다. 앞의 네 구절은 '밝음-얻음-목숨-길'을 통해 인간 사회를 형성하는 근본을 담았다고 했다. 그러기에 다시, 내 마음을 본래 자리로 보내는 데서 시작하여, 말이 크고 넓어 말하기 어려움을 기대하고, 세상의 결이 그 주고받는 과정에서 오묘함을 더하며, 나는 나 자신으로 충만할 뿐, 다른 존재가 아님을 알아야 한다. 그리고 또 다시 뒤의 네 구절은 '정성-깨달음-두려움-마음'으로 인간의 마음 회복을 꾀한다. 그러기에 스스로 자신이 게으름을 인정하는 데서 시작하여, 내 마음이 저렇게 깜깜함을 두려워하고, 죄 없는 곳에서도 죄 있는 것처럼, 여기 이때에 당장, 일상의 오류를 깊이 반성해야 한다.

동학35 글을 쓴다는 사업

2022. 6. 24. 8:40

내 고향 청하(淸河)에서 포항 시내로 나가는 중간 지점에 흥해(興海)가 있다. 수운 최제우 선생은 1862년 11월에 흥해 매곡동(梅谷洞)에 머물며 아동들에게 글을 가르쳤다. 그런데 어찌된 영문인지, 당시 글이 제대로 쓰여지지 않아 고심이 컸다고 전한다. 이후 선생은 글 쓰는 양식을 집약한 「필법(筆法)」이라는 글을 남겼다. 나는 이 짧지만 소중한 기록을, '동학필법(東學筆法)'이라 명명한다.

「필법(筆法)」

수이성어필법(修而成於筆法), 기리재어일심(其理在於一心)!
상오국지목국(象吾國之木局), 수불실어삼절(數不失於三絕)!
생어사득어사(生於斯得於斯), 고이위선동방(故以爲先東方)!
애인심지부동(愛人心之不同), 무리표어작제(無裏表於作制)!
안심정기시획(安心正氣始劃), 만법재어일점(萬法在於一點)!
전기유어필호(前期柔於筆毫), 마묵수두가야(磨墨數斗可也)!
택지후이성자(擇紙厚而成字), 법유위어대소(法有違於大小)!
선시위이주정(先始威而主正), 형여태산층암(形如泰山層巖)!

자신을 닦아 글의 양식을 이루니, 그 이치는 한 마음에 있다!
우리나라는 나무 목자의 형상이라, 세 번이나 망할 지경이어도 나라를 잃지 않는 운수다!
이곳에서 태어나 이곳에서 성장했기에, 그런 이유로 먼저 우리 동방을 고려한다!
사람의 마음이 같지 않음을 인정하고 아끼니, 제도를 만들 때 안팎이 없다!
마음을 편히 하고 기운을 바루어 비로소 나누니, 모든 양식은 그 한 점을 찍는데 달렸다!
먼저 붓끝을 부드럽게 단단히 결심하고, 먹을 몇 말씩 갈아야 쓸 수 있다!
종이는 두터운 것을 가려서 글씨를 정하고, 글의 양식은 크고 작음에 다름이 있다!
먼저 위엄으로 시작하여 바르게 함을 기본으로, 태산에 차곡차곡 쌓인 바위 같은 형세를 지어라!

참으로 응축된, 글이 어떠해야 하는지, 무엇이어야 하는지, 그 어떤 형용을 넘어선, 멋진 글의 양식을 보여준다. 이 글의 양식이 진정 '동학필법(東學筆法)'이런가? 유학의 '춘추필법(春秋筆法)'과는 사뭇 다른 양상이 시공을 가로지른다.

'춘추필법'은 『춘추(春秋)』에서 비롯된, 역사를 기술하는 수사법이다. 비판적이고 엄정한 필법을 이르는 말로, 대의명분(大義名分)을 밝혀 세운다. 그러기에 사건과 인물에 대한 정확한 묘사와 평가보다는 수사법 자체에서 비롯되는 일종의 완곡한 어법을 사용한다. 예컨대, 부정적으로 평가되는 사람은 실제의 모습보다 깎아 내려 기록하기도 한다. 그 대표적인 사례가 『맹자』의 역성혁명론(易姓革命論)에 보인다. 그것은 '죽임'과 관련되는 심각한 문제다. '죽임'이나 '죽음'을 상징하는 한자는 여러 가지가 있으나 대표적으로 세 가지가 주로 거론된다. '살(殺)'과 '시(弑)'와 '주(誅)'이다. 그 용법의 차이에서 춘추필법의 엄격성을 엿볼 수 있다.

『맹자』「양혜왕」(하)에는 역성혁명(易姓革命)과 탕무방벌(湯武放伐)을 논단하는 부분이 등장한다. 제나라 선왕이 맹자에게 묻는다. "신하가 임금을 죽여도 되는가?" 이때 '죽임'이 '시(弑)'이다. 현대 용어로는 '시해(弑害)'다. 맹자는 다음과 같이 대답한다. "사랑하는 마음을 해치는 자를 적(賊)이라 하고 올바른 마음을 해치는 자를 잔(殘)이라 하고, 이 잔(殘)과 적(賊)을 마구 행하는 녀석을 일개 조무래기라고 합니다. '주(紂: 임금)라는 그 놈을 죽였다!'라는 말은 들었으나 '임금을 시해하였다'는 말은 듣지 못했습니다!" 주(紂)라는 포악한 임금, 임금답지 못한 임금을 죽였다고 했을 때, 죽임은 '주(誅)'로 표현된다. 최고 지도자로서 임금이 아니라 일개 사내와 같은 소인 중에서도 소인배인 한 사람을 죽였을 뿐이기에, '쳐서 베어 버렸다'라는 표현의 '주(誅)'를 사용했다. 그러나 '임금을 죽인다'고 했을 때는 차원이 달라진다. '쳐서 베어 버렸다'라는 모욕적 언사가 아니라, '시해하다'라는 의미의 엄중한 감정이 스며든 '시(弑)'를 쓰는 것이 춘추필법의 양식이다. 그냥, 사람을 '죽였다'라고 했을 때는 '살(殺)'이라는 중립적 의미의 한자를 사용한다. 그러나 '시(弑)'는 아랫사람이 윗사람이나 높은 사람을 죽인 것으로 정당하지 못한 일에, '주(誅)'는 죄를 지은 인간에게, 죗값으로 죽음에 처하는 것으로, 정당한 일에 쓴다. 춘추필법에는 이런 가치판단이 인위적이고 적극적으로 개입되어 있다.

그런데 '동학필법'은 의미심장하다. '수이성어필법(修而成於筆法)'에서 '형여태산층암(形如泰山層巖)!'으로 마무리한다. 그것은 자신의 마음을 닦아 글의 양식과 이치를 이루어 나가고, 위엄과 바름으로 태산의 바위 같은 형세를 짓는 작업이다. 춘추필법이 인간 사회의 냉혹함을 보여준다면, 동학필법은 우주 자연의 생명력을 부여하는 차원이다.

교육은 어떤 필법을 고심해야 하는가? '춘추'인가? '동학'인가? 아니면 그 어느 것도 부정하는, 또 아니면 그 어느 것도 긍정하는, 다시 다른 세계의 조화(調和)를 고려해야 하는 걸까? 어떤 세계이건, 기준이 있어야 한다. 그 기준의 두 축은 내면의 마음과 외면의 형세다. 심(心)과 세(勢)의 교착(交錯)이자 착종(錯綜)이다. 교착과 착종의 끝에 기체(基體)가 다시 꿈틀댄다.

동학36 통문(通文)-배우고 알아야 할 일

2022. 6. 26. 21:40

교육은 인간이 배우고 알아야 할 일에 관한 사업이다. '통문(通文)'은 바로 인간교육의 요체를 담고 있다. 통문(通文)은 문자 그대로 읽으면, 글을 꿰뚫어보며 인식하는, 지식이나 지성, 나아가 지혜의 터득처럼 느껴질 수 있다. 그러나 통문(通文)은 '통유(通諭)'의 작업으로 승화(昇化)한다. '통유(通諭)'는 '깨우치고, 밝히고, 이끌어' 나가는, 가장 위대한 교육 사업을 지향한다. 깨우치고 깨달아 삶을 꿰뚫어 나가는, 인간의 노력이다.

그런 교육의 내용과 방법은 다양하게 제시할 수 있다. 하지만 목적은 하나로 관통한다. 무엇을 배우고 알아야 하는가? 기록의 부분을 발췌하여, 교육의 시공을 가다듬어 본다.

당초에 인간에게 가르침을 편 뜻은 간단하다. 아래 두 가지로 요약된다.

① 병든 사람에게 약을 쓰지 않아도 스스로 낫게 하자!
② 어린 아이가 인생을 써나가기 위해 붓을 잡으면, 점점 총명해지고, 그런 가운데 삶에서 발생하는 모든 일을 잘 처리할 수 있는 능력을 함양하자!
이런 목적에서 시작한 교육 사업이 어찌 세상의 아름다운 일이 아니겠는가!

교인지의(敎人之意), 병인자효(病人自效), 소아총선(小兒聰善)!

인생에서 금(禁)하기 어려운 것이 무엇일까? '나쁜 말'이다. 시행되지 않는 것이 무엇일까? '좋은 행실'이다. 교육은 이와 반대로 인간 사회를 조성하는 사업이다. 이런 일이 그치지 않으면, 근거 없는 말이 갈수록 날조되어 혼란스럽고, 나중에는 화(禍)가 어떤 지경에 이를지 알 수 없다!

난금악언(難禁惡言), 불시선행(不施善行)!
설화구날(說話搆揑), 류화하경(流禍何境)!

사람을 교육하여 인간의 길을 전수한 사람은, 조심스레 살피고 하나하나 찾아보며, 앞에서 말한 의미를 꿰뚫어 본다. 정성을 다해 인간의 길을 자연스럽게 터득하는 지경에 이르면, 다시는 치욕을 당하는 폐단은 없다!

교인전도(敎人傳道) 사극통의(査極通意)!
진위기도(盡爲棄道), 무수욕폐(無受辱弊)!

동학37 통유(通諭)-깨우치고 깨달아야 할 일

2022. 6. 27. 12:20

앞에서 '통문(通文)'은 '통유(通諭)'이고, 승화를 거친다고 했다. 그렇다면, 어떤 차원의 '깨우침'일까? 무슨 '깨달음'일까? '유(諭)'를 꿰뚫는 힘은 어디에서 찾을 수 있을까? 동학! 『동경대전』이 던지는 최후의 메시지가 이때 여기에서 인간을 기다린다. 다음과 같은 첫 단락과 마지막 단락이 그 이유를 말해준다. 인간 사회에 꽉 들어차 있는 저 사실과 진실의 생태계(生態界)!

첫째, 깨달아 꿰뚫리는 일이 없다.
둘째, 하지만 꼭 그렇지만은 않은 실마리가 있다.
셋째, 그 실마리 때문에 할 수 없이 교육하고 실천해야 한다.
넷째, 그 가운데 참을 수 없는 인정어린 문명이 자리한다.

무통유지사(无通諭之事), 유불연지단(有不然之端),
부득이지행(不得已之行), 불인정지서(不忍情之書)!

시를 가지고 마음이 움직이는 것은 모두 마음이 움직이는 일이 아니다.
배움에 힘쓰도록 붙잡고 도와주려는 마음이다.
예를 가지고 억지로 잡아당기는 것은 억지로 잡아당기는 일이 아니다.
충실하게 진정을 꾀하는 인간의 정서를 참기 어려워서 이다.

이시심동(以詩心動), 도비심동(都非心動)!
학근공부지심(學勤拱扶之心)!
이례강만(以禮強挽), 불강만(不強挽)!
난인모충지의(難忍謀忠之誼)!

비가 많이 내리는 계절! 바람이 불어오고 비가 내려, 길게 자란 풀들이 옷을 적신다. 정말이지, 애처롭지 아니한가!
좋은 벗들이 멀리 있음을 돌아본다. 항상 다하지 않는 가운데 있음을 소망한다.
때문에 몇 구절의 글로 위안하며 공감을 요청하니, 마음을 널리 열고 함께 하는 게 어떤가!
돌아가는 그날은 초겨울이 될 것 같다. 너무 애써 기다리지 말고, 최선을 다해 교육하여, 좋은 날에 반갑게 만나자!

요우지절(燎雨之節), 양풍쇄우(揚風灑雨), 초장의첨(草長衣添), 부족석야(不足惜也)!
고양붕현(顧良朋懸), 망항불이(望恒不已)!
수서위론(數書慰論), 서량여하(恕諒如何)!
귀기초동(歸期初冬), 물후극수(勿侯極修), 양시호면(良時好面)!

이렇게 동학은 비애(悲哀)의 환희(歡喜)를 품고, 학문의 발을 디뎠다. 가장 낮은 곳에서, 가장 더러운 진흙탕 속에서, 가장 높은 자리를, 가장 아름다운 꽃을 피우려는 염원을 담았다. 그것이, 고통 속에서 애써 기다리지 말고, 현실에 직면하여, 담담(淡淡)하게, 또는 담담(潭潭)하게, 최선을 다해 교육하는 열정으로 드러난다. 여기에서 동학의 교육철학은 일단락 한다.

4권의 마무리, 다른 시작을 위한 침묵

2022. 6. 30. 5:15

『교육철학잡기』 3권에는 기독교, 불교, 유교의 사유를 다루었다. 이번 4권에는 이슬람교와 동학을 중심으로 순례했다. 각 종교를 대표하는 경전을 나름대로 천착해 본 것이다. 『구약성서』와 『신약성서』에서 『화엄경』, 『법언』, 『꾸란』, 『동경대전』에 이르기까지, 지난(至難)하면서도 울림이 큰, 종교라는 바다를 독해하는 시공간이었다.

종교를 철학사상이나 교육철학으로 전환하여 사유한다는 사실은, 너무나 괴로운 작업이다. 어쩌면 애당초 불가능한, 그렇게 인식하지 말아야 할 사안을, 억지로, 교육철학적 풀이라는 변명을 통해, 해석의 프리즘을 들이대었는지도 모르겠다.

비트겐슈타인은 『논리철학론』 마지막에서 진지하게, 심각하게, 철학적 경종(警鐘)을 울렸다.

"우리는 말할 수 없는 사안에 대해 말하려 하지 말아야 한다!"

말할 수 없는 사안이란, 우주 자연과 인간 사회, 그 일상의 여기저기서 펼쳐지는, 신비(神秘) 자체다. 그것은 '침묵(沈默)'이라는 새로운 언어를 요청한다. 1차 세계대전이라는 참혹한 전쟁에 참가한 가운데, 비트겐슈타인은 사유의 끌자락을 그렇게 정돈했다.

교육으로 환언하면, '더 이상 말할 수 없는 교육에 대해서는 침묵해야 한다!'라고 할 수 있을까?

『교육철학잡기』 5권은, 20세기 가장 위대한 철학자로 인정받고 있는 비트겐슈타인의 저술을 독해하는 것으로 시작해 본다. 저 '침묵'이

던지는 역동성이, 새로운 시선으로 교육을 바라보도록 유도할까? 아니면, 나 자신이 교육철학을 침묵으로 몰아내는 건 아닐까? 흔히 말하듯, '반신반의(半信半疑)'의 소용돌이로, 한 발짝 내디뎌본다. 철학사상을 통해, 다시 읽는 교육철학잡기!

신창호

현) 고려대학교 교수
이메일 sudang@korea.ac.kr

교육철학잡기 4 [2022-1] -이슬람의 『꾸란』 · 동학의 수심정기-

초판발행 2022년 7월 29일

지은이 신창호
펴낸이 노 현

편 집 배근하
디자인 BEN STORY
제 작 고철민·조영환

펴낸곳 ㈜ 피와이메이트
서울특별시 금천구 가산디지털2로 53 한라시그마밸리 210호(가산동)
등록 2014. 2. 12. 제2018-000080호
전 화 02)733-6771
f a x 02)736-4818
e-mail pys@pybook.co.kr
homepage www.pybook.co.kr
ISBN 979-11-6519-315-7 03370

정 가 19,000원